国際ニュースの読み方

How to read international news

コロナ危機後の「未来」がわかる!

元駐ウクライナ大使
馬渕睦夫

マガジンハウス

まえがき

国際情勢は複雑怪奇ではない!?

最近、新聞やテレビの〝国際ニュース〟を読んだり、観たりしても、難しすぎて……という質問をよく受けます。「国際政治の専門家の解説を聞いても、なんだか腑《ふ》に落ちない」というのです。

確かに、新聞やテレビ、WEBニュースだけでは、なかなか理解できないかもしれません。国際関係をとらえることが難しいのは、その裏に「外交」というものがあるからです。

外交は、本音と建前をどう使いこなすか、また、相手の本音をどう掴《つか》み取るかという「インテリジェンス」、つまり「情報戦」そのものです。インテリジェンスは表に出てくるものではありませんから、新聞やテレビでわかるはずがないのは当然だとも言えます。

いま、世界で何が起きているのか？　これから何が起ころうとしているのか？

それを知るためには、私たちの先人《せんじん》が過去どのように生きてきたのか——を学ぶ必要があります。つまり、「歴史を学ぶ」ということですが、正確には「歴史に学ぶ」と言ったほうが適切でしょう。

私たちは過去を生きることはできません。いま（現在）しか生きることができないのです。しかし、過去なしには、現在は存在しません。

だから、歴史から教訓を学んでおけば、現在をよりよく理解することができ、どう生きるかの答えを得ることが可能になるというわけです。専門家の時事解説を読むうえでも、歴史を知っているかいないかで、理解の深度はずいぶん違ってきます。

国際情勢は複雑怪奇ではありません。いま、世界の表に出ていることには必ず裏があり、その裏の真実は、歴史に隠された事実を見直していくことでわかってきます。

歴史をしっかり知ることこそが、国際感覚を磨くこと——。それが、激動の時代を生き抜くための武器になるということを覚えておいてください。

ビジネスにとっても国際感覚が必須であることは言うに及びません。数字や統計はそれなりに重要ですが、この世界の隠された構造を理解しておかないと、判断を間違い、大損をする危険がつねにあるのです。

「激動の時代」は、すでにはじまっている！

世界はいま、大きく変わろうとしています。その主役となる国は間違いなく、本書で取り上げる「アメリカ」「中国」「ロシア」、そして「日本」です。

変わろうとしているのは、国際社会の〝秩序〟です。それも、1917年から2016年までの100年間を支配した「世界秩序」です。

過去100年の世界秩序とはいったい何だったのか……。

・1917年は、ロシア革命が起きた年
・2016年は、イギリスが国民投票で「EU離脱」を決め、アメリカでドナルド・トランプが大統領選に勝利した年

この間をおおまかに「20世紀」と呼ぶことにします。

20世紀は、一つの世界秩序が支配的でした。その秩序が終わろうとしています。１００年に一度の大変革とは、20世紀の秩序の終焉を意味しているのです。だから、これから人類は新しい秩序の時代に向かって進んでゆくことになります。

そして、私たちは、来るべき新しい秩序に対応してゆかなくてはなりません——。

それでは、これより過去１００年の旧秩序を検証することにしましょう。

「共産主義」と「グローバリズム」の類似性

「ロシア革命＝共産主義革命」と学校で習いましたね。ロシア革命は、世界に「共産主義」を拡散しました。１９２２年に誕生したソ連（ソビエト社会主義共和国連邦）は１９９１年に崩壊しましたが、これで共産主義の時代は終わったのでしょうか。

中国では共産党政権が残りました。しかし、その中国は「改革開放」というソ連とはまったく違った道を選びました。

中国は共産党独裁政権の下で、「世界の工場」に上りつめました。そして、いま中国は自由貿易の旗手と世界に喧伝《けんでん》して、世界に対する経済攻勢を強めています。「共産主義と自由貿易が両立する」という幻想を世界にばらまいているのです。

じつは、自由貿易は、世界をグローバル市場化するための重要な手段です。共産主義の中国と「グローバル市場主義」は共存可能なのです。俄《にわ》かには理解しがたいかもしれませんが、この議義の中で詳しく説明してゆきたいと思います。

20世紀は革命と戦争の悲惨な歴史でしたが、その底流にはつねに、「世界統一」(ワンワールド)を目指す〝グローバリズム〟がありました。

グローバリズムとは、「地球をひとつの共同体と見なして、世界の一体化(グローバリゼーション)を進める」という考え方です。

終わりを迎えようとしているのは、このグローバリズムという、20世紀を特徴づけた秩序です。

私たちの眼の前でいま展開されている現象は、グローバリズムに代わって世界の新秩序となりつつある「ナショナリズム」(国民国家中心主義)の復興です。

私たちはこのことを明確に認識して、変化の〝過程〟と〝結果〟をチェックしていく必要があります。そのために、国際関係を知り、国際情勢を掴むようにしておかなければいけません。

グローバリズムからナショナリズムへの変化は、経済の変化を生み、ビジネスの変化を生むでしょう。「国際情勢の把握」は、これからの時代において、社会人として必須の教養になります。

また、グローバリズムからナショナリズムへの変化は、「価値観の変化」でもあります。私たちが〝生き方〟や〝幸せ〟というものをどう考えるか、つまり価値観が大きく変わってゆくでしょう。

世界を裏で操る「ディープ・ステート」の正体とは？

多くの人は、国際ニュースを読み解くことは難しいことだと思い込んでいます。

そもそも日々の生活に追われているので、国際ニュースには関心がないという人も多いことでしょう。確かに、メディア報道以外に海外の情報を手に入れることは容易ではありませんし、専門知識も必要です。

しかし、国際情勢を理解できない本当の理由は、メディア報道に洗脳されて国際社会というものを勘違いしているからです。

その勘違いの一つが、「国際情勢は国家単位で動くもの」という思い込みです。

たとえば、「アメリカと中国が貿易戦争をしている」としたとき、一般的には「アメリカという国全体と中国という国全体が対立している」と考えるでしょう。

ところが、そこには「中国と対立することで、利益を得るアメリカ内部の勢力」があり、「アメリカと対立することで、利益を得る中国内部の勢力」もあるはずです。

新聞やテレビといったマスメディアは、そういった想像力や推理力を働かせて事の本質を報じませんから、私たちは真実と乖離《かいり》した米中貿易戦争像に凝り固まってしまうのです。

結論から先に述べますと、20世紀を象徴する国家の枠を超えたグローバリスト勢力とは、国際金融資本家やネオコン（ネオコンサバティズム／新保守主義）などで構成される「ディープ・ステート」と呼ばれる目に見えない統治機構です。

ディープ・ステートは、時に「影の政府」などと訳されますが、トランプ大統領が

〝民主主義の敵〟として、2018年の中間選挙応援演説でディープ・ステートの存在を公にしたことから、ようやくふつうに議論できるようになりました。

それまでは「陰謀論」として片づけられがちだった言葉で、今でもそう扱う研究者や評論家も多いのですが、本書でディープ・ステートの内幕を暴露するつもりです。

先に歴史に学ぶことの重要性を指摘しましたが、具体的には「結果から原因を推察する」ことです。ある結果を分析して、一体誰が利益を得たか、誰が不利益を被ったかなどを丹念に調べれば、その原因が明らかになるのです。

専門家でない素人の私たちでもこの手法により、原因・結果の連鎖を見抜くことが可能になる。否、専門家ほど伝統的な国家単位の見方に毒されていますから、専門家のほうが国際情勢の読み方を誤ることになりがちです。

日本という国は、世界一歴史の長い国です。歴史が長いということは、「歴史に学ぶ作業を積み重ねてきた国である」ということです。

私たち日本人の潜在意識に眠っている〝常識〟は、そうしてでき上がってきました。

だから、私たちが常識を呼び覚ませば、必ず国際情勢を正しく読むことができ、「グローバル社会」の荒波を渡っていけるはずです。

＊

私は40年にわたり外交に携《たずさ》わりました。在外経験が長く、イギリス、インド、ソ連、アメリカ、イスラエル、タイなどに勤務しました。

２０００年に駐キューバ大使、２００５年に駐ウクライナ兼モルドバ大使を経て、防衛大学校や岡山の吉備国際大学で教鞭《きょうべん》を取った後、現在は言論活動に専念しています。

本書は、「国際関係」の授業形式となっています。私が先生役です。ときに、生徒が質問をし、さらに解説を加えていきます。

1限目 現在 日本を取り巻く三大国の思惑

2限目 過去 幕末から第一次大戦までの日本と米中露の関係

3限目 過去 国際連盟から第二次大戦までの日本と米中露の関係
4限目 過去 終戦からトランプ登場までの日本と米中露の関係
5限目 未来 新型コロナ危機後の近未来世界

という5つの授業です。

国際情勢を読み解くうえで、何がポイントなのか？　また、どこがわかりにくいのか？　それがはっきり、スッキリする――わかりやすい講義を心掛けました。

本書が、もうすでにはじまっている「激動の時代」を生き抜くための一助になれば幸甚です。

令和2年7月吉日

馬渕睦夫

まえがき　国際情勢は複雑怪奇ではない!?……2
「激動の時代」は、すでにはじまっている……4
「共産主義」と「グローバリズム」の類似性……5
世界を裏で操る「ディープ・ステート」の正体とは？……7

1限目　現在　日本を取り巻く三大国の思惑

「グローバル時代」の裏にあるもの……20
アメリカと日本の「現在」
ディープ・ステートと戦う大統領……23
トランプ登場は「時代」の大転換期の証し……31
なぜトランプ大統領は米国民から支持されるのか……34
世界の潮流に逆行する日本……36

中国と日本の「現在」

「バスに乗り遅れるな」のウソ……43
問題満載の「AIIB」(アジアインフラ投資銀行)……48
現代の「中国皇帝」に名乗りをあげた習近平……53
中国経済の没落がはじまった!?……59
米露が接近するなかでの日中関係 65

ロシアと日本の「現在」

「市場経済化」に失敗した、ソ連崩壊後のロシア……71
プーチン大統領vs.新興財閥「オルガルヒ」……74
ディープ・ステートがシナリオを書いた「ウクライナ危機」……79
アメリカとロシアを橋渡しすべき日本……83

日本と米・中・露の外交史

2限目 過去 幕末から第一次大戦までの日本と米中露の関係

欧米列強から狙われた!? 幕末日本……92
「植民地」にならないためには……94
明治維新は「革命」ではなく「復古」……97
明治日本と清国との関係の核心は「朝鮮半島」 ……98
日清戦争をきっかけに、日本を恐れ始めたアメリカ……103
植民地支配構造の崩壊を恐れる勢力……104
18世紀からはじまるロシアの対日政策……106
「日露戦争」の隠された目的……109
国際金融勢力によるロシア乗っ取り計画……111
ポーツマス講和条約以降、日本は米国の仮想敵国に……115
ロシア革命を応援したアメリカの金融資本家……117
ウィルソン大統領の側近たち……119

「共産主義」と「社会主義」の本質はグローバリズム……121
「シベリア出兵」の意味とは？……124

3限目 過去 国際連盟から第二次大戦までの日本と米中露の関係

「グローバリズム思想」から生まれた国際連盟……130
「ワシントン会議」の策略……134
ニューディールは世界を社会主義化するための実験!?……138
日中戦争は「日本」と「ソ連を含む、欧米列強」の戦い……141
「国家」という意識に乏しい中国の要人……142
満洲を自治区とすべく工作していたソ連……144
無意味な戦争に引きずり込まれた日本……147
真珠湾攻撃以前に、日本に宣戦布告していたアメリカ……150
「第二次世界大戦」の真相……153

4限目　過去　終戦からトランプ登場までの日本と米中露の関係

「東西冷戦」とは何だったのか……160
原爆投下の復讐を恐れるアメリカ……164
現在にも残る、GHQが推進した精神劣化政策……166
アジアを分割統治し続けているアメリカ……174
経済的仮想敵国№1となった日本……177
「コーポレート・ガバナンス・コード」の弊害……180

5限目　未来　新型コロナ危機後の近未来世界

「新型コロナウイルス」？「武漢肺炎」？……184
国難をチャンスに変える、日本人の「民度」……187

新たな「戦争」がはじまった!? ……190
グローバリズムの崩壊 ……191
マネーによる支配の終わり ……196
「目に見えないものの価値」が重視される時代へ ……198
「一帯一路」で国は滅ぶ ……201
新時代の主役は、世界のピープル ……204
三つ巴の戦争① 中国 ……206
三つ巴の戦争② ディープ・ステート ……210
三つ巴の戦争③ トランプ大統領 ……214

さらに勉強をすすめたい生徒への参考図書 ……221

1限目 現在

日本を取り巻く三大国の思惑

「グローバル時代」の裏にあるもの

この〝国際ニュース〟を読み解く授業では、アメリカと日本の関係、中国と日本の関係、ロシアと日本の関係を、時に「過去」（歴史的事実）を遡《さかのぼ》り、「現在」起きていることの原因を確認しながら、私たちの生活を左右する「未来」について考えてゆきます。

令和最初の国賓としてドナルド・トランプ大統領が夫妻で訪日して、天皇皇后両陛下主催の夕食会に出席。そして、大相撲を観戦し、ろばた焼きで安倍晋三首相夫妻と笑顔で歓談していた光景は記憶に新しいところです。

中国について言えば、日本の家電量販店などでの中国人観光客の爆買いがニュース番組を騒がせていました。ところがいまは、新型コロナウイルス（武漢肺炎）の発生拡大で、国を挙げての感染封じ込め対策に追われている状況にあります。

柔道家でもあるロシアのウラジーミル・プーチン大統領は親日家だと言われていま

すが、北方領土問題の行方は未知数です。

こういった、テレビや新聞をにぎわす報道には、その裏に〝重要な真実〟が必ず隠されています。それを読み取る力をつけよう――というのがこの授業の目的です。

世界情勢や国際社会のあり方を読み解くために、まず必要なのは「近現代の〝歴史の流れ〟をおさえておく」ということです。

ただし、世界史をまんべんなく知る必要はありません。大切なのは、しばしば誤って伝えられている歴史の逆説とも言うべき重要ポイントをしっかりと認識しておくこと。歴史教科書で習った事件や出来事、戦争や革命、首脳会談や条約の裏にはこんなことがあったのか……と驚かれることが多いかもしれません。

私たちはいま、100年に一度の大変革期に立たされています。そう聞いてピンとくる人はどれくらいいらっしゃるでしょうか。

20世紀は「グローバリズム」、つまり、国境を越えて「モノ」「カネ」「ヒト」が自由に行き来する時代でした。

1917年のロシア革命にはじまる共産主義拡散の時代を経て、1991年にソ連が崩壊し、東西冷戦が終了した後はグローバル市場主義が世界を席巻しました。

共産主義ならびに社会主義、そしてグローバル市場主義に通底するのは、国境を廃止して世界をひとつにしようというイデオロギーです。

共産主義と社会主義は学問的には異なる用語ですが、ともにその本質はグローバリズム（国際主義）であるという点で同じ意味で使うことができます。

そして、グローバリズムという20世紀の秩序が終わりを迎え、新しい秩序の形成に向けて動きはじめているのが「現在」という時代です。形成されつつある新しい秩序とは、〝ナショナリズム（国民国家中心主義）〟という秩序です。

ナショナリズムが目指すのは、国民国家の価値の「再認識」と「再評価」。

形成されつつあるのは、国際社会の基本単位である主権国家各国がそれぞれの文化を大切にして国民の利益を重視するという当たり前の考え方です。

グローバリズムという名のもとに、世界中の国や地域の伝統文化は壊滅的なダメージを受けました。それに対する反対意見がやっと前面に出てきたのです。

アメリカと日本の「現在」

ディープ・ステートと戦う大統領

アメリカと日本の「現在」を読み解くために、まず、現大統領ドナルド・トランプについてお話ししましょう。

通常の国際ニュースでは、トランプ大統領の暴言ともとれる発言ばかりが取り上げられています。表面だけをとらえてあげつらうのは簡単ですが、考えなければいけないのは、「なぜ彼がそのような発言をしているのか」ということです。

結論から先に言えば、トランプ大統領が過激な発言をためらわないのは、「ディープ・ステート」(deep state) という巨大勢力と政治生命をかけて戦っているからです。

ディープ・ステートとは、読んで字のごとく「深く潜伏していて見えない国家」のことです。マネーの力でグローバル経済を支配する国際金融資本家を中核とする、政治に対して影響力の強い勢力を意味します。

彼らが目指しているのは、国境をなくし、世界をひとつにすることです。グローバル経済に、国境は邪魔なだけだからです。アメリカ世論を支配するメディアの多くもまた、ウォール街を中心とする国際金融勢力が所有しています。

――ディープ・ステートはいつ生まれたのですか？

アメリカにおけるディープ・ステートは、1913年に民主党のウッドロー・ウィルソンが大統領に就任し、「FRB」（「連邦準備制度理事会」と、その配下にある「連邦準備銀行」）という紛《まぎ》らわしい呼称の〝中央銀行〟が創設されたことにはじまりました。

中央銀行とは、通貨の発行権を持つ銀行のことです。中央銀行と言うと「国有銀行」と誤解しがちですが、じつは「私有銀行」なのです。

FRBは100パーセント私有銀行で、ロスチャイルド系銀行、ロックフェラー系銀行をはじめとする英米の国際金融資本家たちがFRBの株主です。FRB創設によって、アメリカの「金融」がディープ・ステートの手に落ちました。

――アメリカの中央銀行は、「国有」ではない⁉

そうです。アメリカ国民にとって、これがどれほど重要なことかおわかりですね。

日々のあらゆる経済活動に必要な通貨「ドル」の発行に、アメリカ政府は何の権限も持っていません。ドルの運命は、ＦＲＢの民間人株主の意向に左右されているのです。

さらに、国際金融勢力の仲間の腕利き弁護士サミュエル・ウンターマイヤーがウィルソン大統領にねじ込んだルイス・ブランダイスが連邦最高裁判所の判事に就任することで、ディープ・ステートが「司法」に進出する足掛かりを得ることになりました。ブランダイスは、ヤコブ・シフが共同経営者であるクーン・ローブ商会の顧問弁護士でした。つまり、シフというウォール街の有名な国際銀行家に代表されるディープ・ステートの代理人として、彼は最高裁判事に送り込まれたというわけです。

現在では、９人の最高裁判事の内ディープ・ステートの息のかかった判事が４人。そして、各種裁判所判事、弁護士、検察官などにディープ・ステートの代理人が少しずつ浸透して要職を占めるようになりました。

いまや連邦捜査局（ＦＢＩ）もディープ・ステートの牙城と言えます。

――「金融」と「司法」をおさえられたら、かなり危険だと思います

これで驚いているようでは、まだまだですね。経済の根幹である金融と法律の番人である司法を押さえたディープ・ステートですが、これらに勝るとも劣らない「重要な分野」を牛耳《ぎゅうじ》っていることに気づく必要があります。

――重要な分野とはなんですか?

それは「メディア」です。メディアこそディープ・ステートが国民に気づかれずに彼らをコントロールする最大の武器なのです。

このことを明らかにしたのが、ウィルソン大統領直属の広報委員会で働いていたエドワード・バーネイズという人物でした。もちろん、歴史教科書には彼の名は出てきませんが、ディープ・ステートの存在を公言した最初の注目すべき人物です。

アメリカは民主主義国として、国民の「言論の自由」や各種の「人権」が憲法によって認められています。民主主義国であるがゆえに、多様な意見を持っている国民をまとめるのは、いわゆる独裁国家に比べてはるかに困難であることは容易にわかりますね。

――はい。私たちは一人ひとりが違う意見を持っていますから、時に、なかなか意見がまとまらないこともあります

では、民主主義の下で国民をどう統治したらいいのか? その方法を明らかにしたのがこのバーネイズなのです。多様な意見が乱立すれば統治は困難です。だから、バーネイズは、「国民に気づかれずに、彼らの意見をコントロールすることが統治の秘策である」と指摘しました。

そして、このように国民の意見を密かにコントロールできる者がアメリカの真の支配者であり、「目に見えない統治機構」を形成している——と喝破《かっぱ》したのです。目に見えない統治機構こそ、ディープ・ステートそのものです。ですから、ディープ・ステートについて語ることは決して「陰謀論」ではありません。

——ですが、ディープ・ステートの存在は一般的に知られていないと思います

確かにそうかもしれません。バーネイズの告白から約100年後、トランプ大統領は2018年の中間選挙応援演説でディープ・ステートにはじめて言及しました。トランプ大統領は「選挙で選ばれていないディープ・ステートの官僚たちが自らの秘密の課題を推進するために有権者に逆らっている」として、「このような事態は民主主義にとって大きな脅威である」と警鐘を鳴らしました。

ディープ・ステートの存在は、アメリカ国内や世界において「知る人ぞ知る事実」でしたが、公言することはタブーだったのです。トランプ大統領はこのタブーに風穴を開けたのです。

この一言を持っても、トランプ大統領がこれまでアメリカを牛耳ってきたグローバル勢力にとっていかに危険な人物かわかるではありませんか。

ここで注意すべきことは、ディープ・ステートは「官僚」のことだと早とちりしてはなりません。官僚と聞くと、私たちは「公務員」を想像しがちです。しかし、アメリカにおいては各省庁の幹部職員は「政治任用」なのです。

――「政治任用」という言葉は、はじめて聞きました……

政治任用とは、大統領が交代するたびに新たに任命されるのですが、原則、上院の同意が必要となります。ですから、公務員という政治的に中立性を要求される存在ではなく、時には政府内に送り込んでくれた勢力から託された「秘密の課題」を有権者の意思とかかわりなく遂行することになるわけです。ということは、有権者から選ばれた大統領の意向すら無視してディープ・ステートの指令を実行するということを意味しています。

トランプ大統領はアメリカの有権者の多数の意思を体現している最高権力者であるにもかかわらず、トランプ政権内にすでに浸透していた官僚、つまり「ディープ・ステートの代理人」がトランプの意向に逆らっていることを暗示的に表現したのです。後にも触れますが、なぜロシア疑惑やウクライナ疑惑が噴出したのか――その理由を間接的に説明しているわけです。

過去100年の世界を読み解く最大の鍵は、ディープ・ステートの存在です。ディープ・ステートはウィルソン大統領時代に誕生して以来、今日まで生き続けているのです。

資本主義国「アメリカ」も、共産主義国「ソ連」も、ディープ・ステートが動かしてきました。彼らの世界戦略の目標は〝世界統一〟ですから、同じ思想です。何度も繰り返しますが、資本主義も共産主義も世界統一を実現するための一種の方便なのです。

――アメリカとかつてのソ連が同じ思想???

これまで、学校の歴史教科書で学んできた多くの方にとっては当然の疑問ですが、じつは不思議なことでも何でもありません。なぜなら、世界の共産主義化を推進していた革命勢力と、グローバリズムを推進しているディープ・ステートは根がひとつだからです。

これが、国際情勢を読む際の最重要ポイントです。これからじっくり説明してゆきたいと思います。

　ソ連を生んだロシア革命は、国際金融勢力の意向でなされたものでした。国際金融勢力はまず、ソ連を軸にして共産主義による世界統一を目論んだのです。その先兵が、各国の共産主義革命を扇動した「コミンテルン」（国際共産主義運動の指導組織）という戦前の組織でした。

　しかし、ソ連の崩壊によって共産主義による世界統一は失敗に終わります。そこでディープ・ステートは、資本主義の終着点とも言うべきグローバル市場化による世界統一へと方向転換しました。

　つまり、「共産主義」（社会主義）対「資本主義」（民主主義）の対立は、彼らの真の目的を隠すための演出です。「国家を否定して、世界をひとつにする」というディープ・ステートの目的に気づかれないための洗脳工作と言っていいでしょう。

　こうしたグローバル勢力の世界統一を目指した戦略は、着々と進行してきたと言えます。

トランプ登場は「時代」の大転換期の証し

ところが、100年間続いたグローバリズムの時代は、2016年から堰《せき》を切ったように崩れはじめました。

まず、2016年6月にイギリスは国民投票で「EU離脱」を決めました。その後国内で紆余曲折がありましたが、2020年1月31日を以てイギリスは正式にEUから脱退しました。

アメリカでは、2016年11月の大統領選挙で「グローバリズム反対」を唱えるトランプが勝利しました。これらの動きは、グローバリズムに代わって、「ナショナリズムの台頭が明らかになってきた」ということなのです。

トランプの勝利はディープ・ステートにとって、受け入れられない事態でした。だから、トランプが大統領に就任する前から「トランプ中傷キャンペーン」が行われたのです。彼らの手先であるメディアを使い、トランプに対して、大衆迎合主義者、人種差別主義者、女性蔑視主義者、孤立主義者など、ありとあらゆる誹謗《ひぼう》を連日報道し続けました。

これを真に受けた日本のメディアや知識人たちも、トランプがいかにダメな大統領であるかの「印象操作」を行っています。現在でもこの構図は基本的に変わっていません。彼らはトランプを批判することがあたかも知識人の証明であるかのごとくに振る舞っています。

しかし、彼らは最も重要な事実を故意に見逃しています。アメリカ国内においてトランプ大統領に対する支持は約50パーセントと根強いものがあることです。

――確かに、トランプ大統領は米国民から少なからず支持されているようです

アメリカ社会は大きく変わりつつあります。わが国のメディアは「トランプがアメリカを分断した」と批判して憚《はばか》りませんが、実際にはトランプ大統領は、すでに分断されていたアメリカ社会をまとめようと努めているのです。それが、「アメリカ・ファースト」という公約です。

アメリカ・ファーストをとらえて、孤立主義だとか、国際協調秩序を破壊しているとか、自国中心主義だとか姦《かしま》しいですが、肝心な点を見落としています。

――「アメリカ・ファースト」とは具体的になんでしょう?

第一に、アメリカ・ファーストとはアメリカ国民の「福利」を優先して考えるということ。決して世界との関連において、孤立主義を意味するわけではありません。そして第二に、トランプ大統領は「アメリカ・ファースト」の後に必ず「各国ファースト」をつけ加えていることです。だから、利己的な自国中心主義ではありません。世界各国も自国の国民の福利を第一に考えなさいと言っているのです。つまり、世界各国が自国中心主義になれと訴えているわけですね。

それから、日本のメディアが二言目には使用する「戦後の国際協調秩序」という言葉ですが、これも巧妙な洗脳の一種ですね。

――巧妙な洗脳とは？

第二次世界大戦後も、東西冷戦終了後も、世界が国際協調の時代であったことはありません。この「国際協調秩序」をつくり上げたのはディープ・ステートです。彼らの国境を越えたビジネスに有利な国際体制を、国際協調秩序と宣伝しているに過ぎないのです。

ＷＴＯ（世界貿易機関）を中心とするいわゆる多国間の自由貿易体制やＩＭＦ（国

際通貨基金）主導の国際金融体制などを称して国際協調秩序と言っているわけですが、自分たちに有利な秩序であることを見破られないために、あたかも世界が裨益《ひえき》する秩序であるかのような幻想を抱かせているわけです。

実際、国際協調秩序とはディープ・ステートから見れば「国際干渉主義」と言い換えることが可能です。この国際干渉主義とはグローバル市場化に反対する国に対しては、軍事介入も許されるというアメリカ一国主義の政策でした。

これを推進したのが、ディープ・ステートの国際戦略を担《にな》ったネオコン勢力でした。

なぜトランプ大統領は米国民から支持されるのか

先ほど、トランプ大統領には熱狂的な支持者がいると述べましたが、そのひとつが「Qアノン」と呼ばれる現象です。

――Qアノンは、アメリカのネット社会では有名なようですね

Qと名乗る匿名人によるネット活動がきっかけでした。国際金融勢力がピープル（アメリカ国民）を搾取して金儲けをしてきた事実をネットに暴露したのです。

Qに共鳴する人々は、「我々はQだ」というプレートを掲げて演説会などに参加します。これがQアノンです（アノンは、アノニマス〈匿名〉の略だとされています）。Qアノンは、ディープ・ステートと果敢に戦うトランプ大統領を熱烈に応援しています。

ウィルソン大統領から続いてきた、つまり国際主義者たちに牛耳られてきたアメリカが、大きく変わろうとしているということなのです。そのことを理解せずに、現在のアメリカ、そしてアメリカと日本の関係を論じることはできません。

2019年2月の一般教書演説で、トランプ大統領は、さらに自らの立場を明らかにしました。

トランプ大統領は、「グローバリズムの名の下に世界を統一しようとしているディープ・ステートによるアメリカ支配を認めない」という趣旨の決意を表明しました。そして、「アメリカは社会主義にはならない」と言ったのです。あえて、「社会主義」という言葉を出したことは重要でしょう。

「グローバリズム＝社会主義には反対である」と明言した――ということです。

――トランプ大統領は、社会主義者と対決しているということですか？

いえ、それは表面的な見方です。トランプ大統領の「反社会主義」の発言は、民主党予備選挙におけるバーニー・サンダースなど社会主義を標榜する候補に対するけん制とも受け止められますが、本当の狙いはアメリカの社会主義化を策謀しているディープ・ステートを指していると見るべきでしょう。

かつてアメリカは、社会主義化の道を歩んだことがありました。みなさんが教科書で習った「ニューディール政策」です。時のフランクリン・ルーズベルト大統領はウォール街の側近たちの助言に従い、アメリカ社会を社会主義化するニューディールの施策を次々実施していました。

資本主義国アメリカと言えども、社会主義に傾く可能性があったのです。トランプ大統領は、背後からニューディールを主導したグローバリストたちの仲間たちに対する強い警戒感を示したのです。

世界の潮流に逆行する日本

トランプ大統領は、２０２０年の大統領選に共和党候補として立候補することを宣言しました。

対する民主党の対立候補はどうでしょうか。結局、ジョー・バイデン前副大統領が指名を確実にしましたが（7/1現在）、77歳と高齢で時代遅れの感が否めません。このままいけばトランプの再選はほぼ間違いないでしょう。

再選すれば、トランプはディープ・ステートからアメリカを取り戻す作業により積極的に力を入れると思います。

トランプはいま、ディープ・ステートの尖兵《せんぺい》であるメディアを抑えつつあります。ディープ・ステートはいままで、あえてアメリカ国民に不利なかたちで国際協調体制を構築してきました。トランプはそれを建て直しているのです。

――日本はどのような立場にあるのでしょうか？

トランプが再選すれば、「ナショナリズム重視」「主権国家中心」に世界が変わるだろうと思います。ヨーロッパでも、ディープ・ステートに対する抵抗が明らかに高まっています。

しかし、日本にはまだ、いわば「ディープ・ステートの隠れ代弁者」とも言うべき人々が大勢います。残念ながら、自民党の政治家や保守的主張を唱えている言論人などの中にディープ・ステートのアジェンダ（行動計画）を実践しているグローバリストが幅を利かせているのです。

たとえば、2018年末に成立した「改正出入国管理法」（外国人労働者の受け入れ拡大）などはそれを証明する代表的な例でしょう。世界的な規模で高まっている反グローバリズムの潮流に、日本は明らかに、しかも突出して逆行しているのです。

――トランプは日本にとって、良い大統領？　悪い大統領？

2019年6月、「トランプ大統領が日米安全保障条約の破棄に言及した」という報道があり、大きな話題になりました。「トランプ大統領は、日米の同盟関係を断ち切るつもりなのか⁉」ということですね。これは、そのような単純な話ではありません。

第二次大戦後の1951年、サンフランシスコ講和条約で日本は占領状態を脱して独立し、同時に日米安全保障条約を締結しました。しかし、日米安全保障条約は、アメリカのアジア戦略のために日本は軍事基地を提供するという一方的な内容でした。

1960年に日米安保条約を改正して米軍の日本防衛が義務となりました。ただし、トランプ大統領からすれば、「現行の条約は、日本側がアメリカの防衛義務を負わない点で不公平」と映っているのです。トランプの主張は、「同盟」の意味を考えた場合、当然と言えます。

ところが、日本では当然と思う人がほとんどいない……、それが問題なのです。この発言を受けて、メディアも政治家も右往左往した様は失笑を誘うものですが、そのような認識は見られませんでした。これほど私たちは、アメリカに「負《お》んぶに抱っこ」といった依存状況にあるのです。

――確かに、「アメリカに守られているから大丈夫」という感覚が国中に蔓延《まんえん》しているかもしれません……

それに疑問を感じる人が少ないという現状は、「日本は果たして独立国か」という疑問自体が生じない、情けない状況をもたらしているのです。

トランプ大統領は2020年1月、現行の日米安保条約署名60周年記念式典に際し、「安全保障環境が変容し続け新たな諸課題が持ち上がる中、同盟を一層強化し、深化させていかなければならない」との声明を発表しました。私たちが考えなければならないことは、日米同盟を強化し、深化させる具体策です。待ったなしの課題と言えます。

言い換えれば、トランプ大統領は「日米の不適切な関係は正常化される必要がある」と求めたのだと解釈すべきでしょう。お互いが防衛義務を負う公平な日米同盟関係をはじめて構築する時期がやってきたのです。

＊

以上見たように、私たちは無意識のうちにアメリカに軍事的に依存してきましたが、別の角度から考えると、経済的にもディープ・ステートがつくり上げた秩序に無意識のうちに依存しきってきたと言えそうです。

私がかねがね国際金融勢力の代弁者と呼んでいるジャック・アタリというユダヤ系フランス人の経済学者がいます。アタリは「世界の国家は債務によって勃興し、債務によって滅んできた」（『国家債務危機』林昌宏・訳、作品社、２０１１年）と明言しました。

つまり、「国家に資金を融資する国際金融勢力が国家の運命を握っている」ということです。

東西冷戦の終了とともに、ディープ・ステートはグローバリズムを掲げて、彼らに有利な環境を世界中に集中的に整備していきます。

国際金融勢力はグローバル化の名のもとで、企業活動の規制撤廃を各国政府に要請しました。それは、彼らが定めたグローバル・スタンダートを押しつけるということでもありました。

日本も例外ではありません。東西冷戦の終了は、日本では「平成」がスタートした時期にあたります。

「ジャパン・アズ・ナンバーワン」などともてはやされ、1980年代後半から90年代初頭のバブル経済時期にアメリカの不動産を買い漁っていた日本は、グローバル化を名目に様々な圧力を受けました。

たとえば、「BIS規制」のクリアを強制されました。「国際業務を行う銀行の自己資本比率は8パーセントを超えていなくてはならない」という国際統一基準です。クリアできなければ国際金融活動からの撤退を余儀なくされ、日本は力を削がれてゆきました。

グローバル市場化の目標は、「世界統一市場」=「ワン・ワールド」の樹立です。

国家主権の廃止です。

これはまた、世界の国や地域の文化や歴史、つまり「アイデンティティの解体」をも意味しています。

しかし、日本の経済界はこのような秘めた背景を理解しようとせず、短期的な利益を求めて中国はじめ海外に進出してゆきました。

いま、世界を襲っている新型コロナウイルス（武漢肺炎）禍にも見られるように、グローバル化を進めてきた日本の経済界はそのつけを払わされていると言っても過言ではありません。

中国と日本の「現在」

「バスに乗り遅れるな」のウソ

日本人は、中国人とそもそも波長が合いません。それは国民性・民族性の違いに由来します。加えて、現在の中国は共産党独裁政権ですから、議会制民主主義国の日本となおさら合うはずはありません。

ここをまずしっかりと認識しておくことが、「日中関係」、そしてまた「世界と中国の関係」を読み解くポイントです。

なぜ、中国は急激な経済成長を果たしたのでしょうか。

なぜ、中国は尖閣諸島や南シナ海への侵略的行為に躊躇《ちゅうちょ》がないのでしょうか。

波長の合わない中国という国をどう見ていけばいいのか――、これから詳しくお話ししてゆきたいと思います。

中国は、「親中派」と呼ばれる日本人を育成してきました。波長が合わない分、中国利権（対中国ビジネス）の優遇を餌にしました。その餌に食いつき無邪気に「日中友好」と叫んでいる日本人を見て、中国共産党の要人は「騙《だま》されやすい日本人」「馬鹿な日本人」と腹の中で軽蔑しているはずです。

「騙すこと」が一種の文化ですらある中国は、いま、日本に対して「微笑外交」を展開しています。いままでの「威圧外交」を改めて、友好的、協調的に日本に接するということです。

そこには、トランプ政権の中国敵視政策に基づく〝米中貿易戦争〟などを抱えた中国が生き残るために、「ＡＩＩＢ（アジアインフラ投資銀行）と、一帯一路構想（シルクロード経済ベルトと21世紀海洋上シルクロード）に、日本からの資金援助がどうしても必要」という裏事情があります。

――中国経済の現状はどうでしょう？

中国はいま、表向きは大風呂敷を広げてはいるものの、国内経済的には無理な不動産開発など経済効率を無視した政治主導の結果、地方政府や企業の債務が増大して、とても深刻な状況です。今回の新型コロナウイルス（武漢肺炎）の蔓延で経済活動が事実上数か月にわたり停止したことが、混乱に輪をかける結果となりました。この影響については、5限目で詳しく論じたいと思います。

また、採算を度外視した対外投資や対米貿易黒字の減少などにより、外貨が不足して人民元の発給量が制約を受け、外貨借り入れが増大するという悪循環に陥っています。

もともと中国政府の経済統計は信用できませんので、経済成長が年率6パーセントなどあり得ません。エネルギー消費量と物流が前年に比べて減少していることひとつをとっても、実質的にはマイナス成長で、「国営企業」は事実上破綻しています。不動産バブルは崩壊していますが、共産党政権が情報統制によって隠しているのです。先に中国人にとって騙すことは文化であると言いましたが、中国経済全体が騙しの塊です。「台頭する経済大国中国」などと世界中が騙されているのですから、華々しいＡＩＩＢや一帯一路構想に隠された嘘に世界がなかなか気づけないというわけです。

わが国のメディアの中国礼賛報道を見れば、中国の騙しのテクニックがうまいのか、それとも日本のメディアが愚かなのか、いい勝負かもしれません。もっとも、少し常識を働かせれば中国の嘘はわかるはずですので、日本のメディアは中国のマネートラップなど各種工作に嵌《は》まってしまい、中国を批判する報道ができないという側面が強いと言えるでしょう。

たとえば、日本のメディアはAIIBや一帯一路構想に対して「いよいよ中国が世界に打って出る」と歯の浮くような高い評価を与え、「バスに乗り遅れるな」と日本政府や経済界に中国の言い分を受け入れるよう宣伝し続けています。

——新聞やテレビでは、AIIBはいいことのように報道されています

先ほど強調したように、AIIBや一帯一路構想も、要は騙して他国からカネをせしめようとしているだけのことです。

仮に日本がAIIBに参加したところで、安く受注できる中国の企業にしかプロジェクトの入札は落ちません。日本は巨額の出資金を収奪されるだけでしょう。

一帯一路も同じことです。事業は中国の国有企業がやることになっています。日本の企業は一帯一路のプロジェクトの受注などはできないでしょう。

そもそも一帯一路構想は、２００６年、第一次安倍内閣の当時の麻生太郎外務大臣が提唱した「自由と繁栄の弧」を中国が真似たものです。「自由と繁栄の弧」は旧ソ連諸国を中心とする地域の民主主義社会の確立と開かれた経済発展を目指すものでした。しかし一帯一路は、中国が一帯一路に属する国を搾取するシステムを構築する構想です。

残念ながら、中国は過去も現在も、徹底的な自己中心的な国です。いま、「国」という言葉を使いましたが、中国は過去も現在もいわゆる「国民国家」ではありません。中国指導者には「国家や国民を繁栄させる」という発想がありません。指導者にとって、民衆をどう搾取して自らの懐を肥やすか、これしか頭にないのです。

私はこれまで、中国は国家ではなく市場（マーケット）だと言い続けてきました。中国専門家である台湾出身の黄文雄氏は『中国の正体』（徳間書店）の中で、「中国は国家というより天下である」と喝破しておられますが、習近平が目指す世界覇権とは「中国主導のグローバル市場」のことだと考えればよく納得できますね。

これは中国差別でもなく、中国ヘイトでもありません。相手を正確に知るということは「国」と「国」のつき合いの基本です。ここをしっかり認識しておかないと国際情勢を読み誤ります。

問題満載の「ＡＩＩＢ」（アジアインフラ投資銀行）

――ＡＩＩＢについて、もう少し説明してください

ＡＩＩＢは２０１３年に習近平が創設を提唱して２０１５年に発足、翌年に開業しました。ですが、そもそも中国はなぜ、こんな機関をつくったのでしょうか。

中国は、ＡＩＩＢの目的を、「増大するアジアにおけるインフラストラクチャー整備の需要に応えるため、アメリカと日本が主導するアジア開発銀行（ＡＤＢ）では賄いきれない資金ニーズに対して代替的、補完的に対応すること」としています。

表向きにはそういうことになっているのですが、本当の動機は違います。

繰り返しますが、中国は少数の特権階級と搾取される大量の人民とで成り立っている国です。特権階級（共産党指導部や人民解放軍幹部など）は国のためではなく、自分や親族のための金儲けばかりを考えてきました。そして今、そうした金儲けは破綻しはじめています。

特権階級の人たちは、主に不動産に投資して巨額の利益をあげてきたのです。しかし、不動産バブルは崩壊し、巨額の損失を抱えるようになります。そのツケを外国に払わせようというアイデアがＡＩＩＢでした。

――中国には今、高層マンションばかりが建っていて人がいない「ゴーストタウン化」した都市が問題になっているようですが……？

中国は国内に、誰も住まない都市をつくり続けてきました。不動産バブルを謳歌《おうか》するために建設したのです。

しかし、やがて限界に達します。市場は一気に崩壊します。景気を回復するために国内にインフラをつくろうとしたところで無理でしょう。もはやインフラを必要としているところがありません。インフラが整っていない海外にプロジェクトを起こす以外に方法はなくなったのです。

とは言え、バブル崩壊で損失を抱えていますから、中国には資金がありません。そこで、世界中の国からマネーを出させることにしました。それがＡＩＩＢです。

海外から集めたマネーで、中国が国内に在庫として抱えてしまっている材料を使い、中国人の労働力を使う。ＡＩＩＢはそういうビジネスです。つまり、ＡＩＩＢの正体は「中国バブル崩壊の尻拭い」です。

アジアのインフラ整備は、格好の名目でした。言ってしまえば、セメントや鉄鋼の在庫処分です。

――バブル崩壊の尻拭いで、在庫処分!?

たとえば、アジアのどこかにダムをつくろうとした場合のことを考えてみましょう。中国のセメントや鉄鋼を持っていくことになります。しかしそれは、中国国内で余った質の悪いセメントや鉄鋼を高値で買わせるということです。

ダムで仕事をするのは、中国人労働者です。人民解放軍もかかわるかもしれませんが、これはつまり、中国の失業対策です。

失業者対策は、中国にとっては、暴動の防止策です。そして、彼らの給料はAIIBが払うことになります。

2019年7月に、AIIBの加盟国は100カ国を超えました。イギリス、フランス、ドイツといった先進国も加盟しています。

からくりがわかりきっているAIIBに、なぜ先進国が加盟するのでしょうか。中国がよほどうまく騙したのだろうと思われるかもしれませんが、それは違います。

イギリスなどは老獪《ろうかい》な国です。内部に入れば中国の情報を得やすくなりますし、AIIBの弱点を知ることになります。いざイギリスにとって都合が悪くなれば、内部からつぶすために加盟したようなものです。当初はいかにも持ち出しであるかのように見せかけて、最後は利益を手にするなどはお手のものです。

ヨーロッパ諸国の背後にいる国際金融資本家たちは、もともと中国の共産主義勢力と同じ価値観を持ち、中国国内のビジネスでも手を組んでいました。共産党エリートと共に中国人民を搾取してきたのです。ビジネスチャンスになると思えば、AIIBを利用するし、利用価値がなければ見向きもしないでしょう。

――AIIBの運営体制には問題はないでしょうか？

中国は、国際機関という発想にはなじまない国です。AIIBは、昔の「中華思想」そのままのように見えますね。つまり、「中国が決めるから他国はそれに従いなさい」という姿勢です。

未だに重要事項の決定機関である常任理事会を置いていないことからも、それは明らかでしょう。「総裁が決める」ということになっていて、その総裁は中国の要人です。要するに、中国の国家主席、現時点では習近平の意向ですべてが決まることになります。そんなＡＩＩＢが、加盟国の利益を反映した国際機関であるはずがありません。

日本はいまのところは、アメリカとともにＡＩＩＢには加盟していません。特に、運営の公正さに疑問を感じて、慎重な態度を取り続けています。日米が加盟しないＡＩＩＢは信用がないから活動資金となる債権を国際金融市場で売ることができないのです。

この点が決定的に重要です。一般に、世界銀行、アジア開発銀行など国際開発資金を融資する国際機関は、国際金融市場で活動資金を調達して、その調達コストに若干の金利を上乗せして開発途上国に融資しているのです。

したがって、調達コスト、つまり債券の利回りが低いほど、融資金利を低く抑えることができるのです。低コストで債権を発行することは、その機関の信用度が高いことになります。

ところが、ＡＩＩＢは信用度が低いですから、低金利では誰もＡＩＩＢ債を買ってくれないのです。高金利でしか債券を発行できないということは、ＡＩＩＢ債は、いわゆる「ジャンク債」（危険が高い債券）となります。

少し専門的になりましたが、ＡＩＩＢがなぜ自前の活動をすることができないのか、その理由がおわかりになったと思います。

現在のところ、ＡＩＩＢは、ＡＤＢ（アジア開発銀行）との協調融資で細々と活動している状況です。協調融資といえば、ＡＩＩＢとＡＤＢが対等に協力し合っている姿を想像しがちですが、実態はＡＤＢの資金をＡＩＩＢが使わせてもらっているわけです。ＡＤＢが助けてあげなければ、ＡＩＩＢは成り立たないのです。ＡＩＩＢがいずれ破綻することは明らかですね。

現代の「中国皇帝」に名乗りをあげた習近平

――中国の憲法が改正されたというニュースを聞いたことがあります

「全国人民代表大会」（全人代）は、現在毎年開催されている中華人民共和国の一院制議会です。中国の形式的な最高権力機関にして立法機関ですね。天安門広場の西端にある人民大会堂で行われます。

２０１８年3月に行われた全人代で、中国の憲法が改正されました。中国憲法の序文に「習近平の新時代の中国の特色ある社会主義思想」という文言が加わりました。それまでの序文には、「毛沢東思想」「鄧小平理論」という文言が入っていました。習近平は毛沢東、鄧小平と並ぶ存在になったということです。

そして、「二期10年まで」としていた国家主席の再選制限が撤廃されました。2023年で任期を終えるはずだった習近平が、以降も国家主席を続ける可能性が生まれた——ということです。

「二期10年まで」は、そもそも〝反省〟から生まれた規定でした。「自らに権力を集中させた結果として、毛沢東が文化大革命を引き起こした」という過去の失敗を踏まえてのものです。習近平は、それをあっさりと反古《ほご》にしたのです。

理論上は、死ぬまで国家主席でいることが可能になりました。まさに、現代の「中国皇帝」を目指したものと言えるかもしれませんね。

いま、習近平はアメリカに次ぐ世界第二の経済力をバックにアメリカと覇権を争う姿勢を鮮明に打ち出しています。その具体的な手段となっているのが、一帯一路の構想と、AIIBの設立なのです。

――「一帯一路構想」について、もう少し説明してください

「一帯」は「シルクロード経済ベルト」、「一路」は「21世紀海上シルクロード」を指し、中国から中央アジア、ヨーロッパ、アフリカ大陸にまたがる巨大経済圏構想だと中国は説明しています。

大言壮語が得意な中国らしい発想ですが、カネの力でインフラ開発に飢えている諸国を騙そうという魂胆が見え見えですね。

ところが、大言壮語の怪しい構想であるにもかかわらず、背に腹は代えられないのか、アジア、アフリカのみならずヨーロッパの国でも高い金利のチャイナマネーに引っかかって、返済が不能になり担保とした港湾などを中国に取られてしまったケースが頻発しているのです。

中国と長いつき合いのあるわが国でも、経済界や政治家の中には中国の大風呂敷にコロッと騙される人が後を絶たないのですから、中国から地理的に離れたアフリカやヨーロッパ諸国が騙されるのは仕方ない面があるのかもしれませんね。

経済分野だけではありません。中国は軍備増強も着実に進めています。近隣諸国と領有権を争っている南シナ海の南沙諸島を埋め立てて基地化するなど、国際法を無視した侵略行為も躊躇しません。

中国の狙いは、南シナ海一帯を中国の「内海」にすることです。中国は勝手に領海を広げているわけです。

この関連で、わが国にとって由々しき問題は、言うまでもなく尖閣諸島に対する中国の領有権の主張です。歴史的にもわが国の固有の領土である尖閣諸島を、中国は近海に石油が出ることが判明した段階で、突如、中国領だと主張しはじめました。

私たちから見れば、国際法上根拠がない身勝手な主張と思いがちですが、そもそも国際法など認めない中国にとっては馬耳東風《ばじとうふう》です。尖閣周辺での日中の衝突を回避するために、中国との間でこれまで様々な取り決めが模索されてきましたが、約束を守らない文化の中国相手に効果的な取り決めができるはずがありません。

新型コロナウイルス（武漢肺炎）騒動の最中にあっても、中国は頻繁《ひんぱん》に尖閣周辺に海上警備艇などの公船を侵入させています。

――中国はアメリカに匹敵する超大国なのでしょうか？

そもそも中国が急激に経済を発展させることができたのはなぜか。鄧小平《とうしょうへい》の改革開放（1978年）後、海外からの投資があったからです。

もちろん、わが国もそれこそ「バスに乗り遅れるな」と大企業のみならず中小企業も次々と中国に進出しました。中国には安い労働力が豊富にあったからです。これが、わが国の製造業の衰退に繋がりました。

いわゆる「グローバル化」という掛け声は、誰も反対できないような神通力を持っていたのです。もっと正確に言えば、グローバル化という幻想に、わが国を含め世界全体が騙されたということです。

もうおわかりのように、中国の経済を成長させたのは、中国自身の力ではありません。先進諸国の企業が工場を中国に移転したからです。それらに融資したのが、国際金融資本家たち（ディープ・ステート）でした。

外貨の大幅な流入がなければ、中国は発展途上国のままだったでしょう。なぜなら、中国には、愛国者が少ないからです。愛国者のいない国に自力の発展は望めません。中国は個人が個人の利益を追求する傾向がきわめて強い国です。

中華人民共和国が建国されて以来、共産党幹部は共産党一党独裁のもと、庶民から搾取し続けて社会の頂点に立ってきました。

習近平はじめ歴代の共産党トップは、熾烈《しれつ》な権力闘争を得て最高位に上り詰めました。だから、トップに就いたからと言って片時も安心してはいられません。寝首をかかれないように、政敵を退治し続けなければならないのです。

中国の権力構造そのものが、いわゆる民主主義とは根本的に違うことを理解しておかなくてはなりません。習近平がとったライバル蹴落とし策は〝反腐敗キャンペーン〟でした。

「腐敗」はこれまた中国の文化です。腐敗に手を染めていない共産党幹部は習近平自身を含め事実上誰もいないのです。だから、反腐敗キャンペーンで腐敗がなくなると思った者は誰もいなかったでしょう。

反腐敗キャンペーンは、習近平にとって政敵を葬るための便利な口実でした。この手法は独裁者の常と言ってもよいものですが、自分がやっていることをもって、他人を非難する口実に使うわけです。このパターンを覚えておくと、中国の動きがよくわかるでしょう。

習近平は、憲法を改正した2018年の全人代で臆面もなく、「2017年までの5年間で、横領や収賄などで立件した汚職官僚は25万4000人超」と発表しましたが、国内の反応は当然のことながら大変冷ややかでした。

また、憲法改正についても、賛成2964票で批判票はわずか6票と発表されたとき、中国版ツイッター・ウェイホーには「恥知らず」といった書き込みが殺到しました。国民の多くはすでに、共産党一党独裁、習近平の皇帝的支配に嫌気がさしているのです。

共産党独裁政権の唯一の正統性は経済成長であり、ともかく金儲けの機会が増えたことで政権に対する批判が深刻になることはありませんでした。ところが、先に述べたように、経済成長に急ブレーキがかかっているのです。

中国経済の没落がはじまった⁉

ソ連と中国は同じ共産主義の国でした。では、ソ連は崩壊したのになぜ中国は存続したのでしょうか。これはロシアと中国の違いを理解する上で、重要なポイントです。

――ソ連と中国の違いというと……

ソ連にあったのは「天然資源」でした。だから国際金融資本家たちはソ連が解体された後、ロシア経済の民営化を策するとともに、彼らの仲間を財閥に仕立て上げ、石油や天然ガスを所有させて、その権益を共有しようと企んだのです。この流れに乗って、新興財閥と呼ばれる民間企業家が生まれましたが、そのほとんどはユダヤ系でした。

一方、中国にあったのは「労働力」でした。だから国際金融資本家たちは共産党の一党独裁体制を残して、中国を世界の工場化したのです。共産党の一党独裁体制は国際金融資本家たちにとって、とても便利な仕組みでした。

民主主義が確立している国、たとえば日本などでは、工場用地を手に入れるにも法律に基づいた面倒な手続きが必要です。

しかし、中国では、共産党のさじ加減でどうにでもなります。元々土地の所有権は政府にありますから、政府が貸している土地を強制的に収用することは簡単ですし、工場廃液などで環境汚染を起こしても、政府が住民を黙らせてくれる。

こんなに都合のいい国はありません。国際金融資本家たちにとって、中国を民主化することは、損にはなっても得にはなりません。だから共産党支配を温存したのです。

さて、世界の工場として中国には世界中から投資が集まり、発展を続けました。すると何が起こるでしょうか。当然、労働者の賃金が上昇します。結果、中国はもはや、労働力の安い国ではなくなりました。

その一方で、中国の製品の質はどうでしょうか？

――正直、質が良いとは言えません……

ですから、労働力の魅力がなくなった中国から多国籍企業が撤退していくのは、当然の流れでした。中国の経済成長にストップがかかりはじめます。

そして、そこに追い打ちをかけるように登場したのが、アメリカのトランプ大統領です。ディープ・ステートが築き上げた国際秩序はアメリカ国民にとって不利であるとして、グローバリズムに反旗を翻す大統領です。

トランプ大統領の公約のひとつは、「アメリカ産業の復活」です。選挙期間中から、「中国からの輸入関税を45パーセントまで引き上げる」と宣言していました。

米中間の輸入額と輸出額では4倍ほどの開きがでていました。当然、アメリカが対中貿易赤字です。中国はアメリカにモノを売って一方的に儲けてきたのに対して、アメリカの対中貿易赤字は、２０１７年実績で約３６８４億ドル。この数字は膨らむ一方でした。

「赤字の分だけ米国労働者の仕事が奪われている」というのが、トランプ大統領の考え方でした。２０１８年の３月に、「どの国のものに対しても例外なく、鉄鋼に25パーセント、アルミに10パーセントの関税をかける」という大統領令にトランプが署名したことから、「米中貿易戦争」と呼ばれている戦いがはじまります。

米中貿易戦争は、「関税合戦」としてエスカレートしていきました。しかし、アメリカが中国からの輸入関税を上げるのに対抗して、中国側がアメリカ製品の輸入関税を上げたところでどうにもなるものではありません。かえって、さらに痛手をこうむるのは中国、ということになるだけです。

――なぜですか？

その理由は簡単です。中国の「人民元」は「アメリカドル」を担保として発行されてきました。つまり、対米貿易黒字額だけ人民元を刷ることができたわけです。

さらに、中国は食糧を自給できません。不足分は輸入に頼らざるを得ないのですが、小麦や家畜のえさのトウモロコシは多くをアメリカから輸入していました。面子《メンツ》からこれらの必需品の輸入をアメリカから他国に代えると言っても、すぐに大量の手当てをすることは困難です。

それに、そもそも中国の対米輸入量は少ないので、アメリカの関税アップに対抗して報復しようにも、その対象が少なくならざるを得ないのです。米中貿易戦争は、はじめから中国の負けであることは明白です。

国際金融資本家と多国籍企業の多くは、当然、こうした流れを早くから読んでいたのです。彼らはすでに中国から投資を引き揚げています。この傾向は今後、ますます強まるでしょう。

――そうなると、日本経済は大混乱するのでは？

やはり、そう思いますか……。日本の中国に対する輸出額がどのくらいか――、正確に知っている人は少ないようですね。新聞やテレビの報道を見ていると、中国と取引している企業はかなりあって輸出額も相当だという印象が強いかもしれません。しかしそれは、あくまでも印象に過ぎません。

実際、日本の中国に対する輸出額はＧＤＰの６パーセント程度に過ぎないのです。

――えっ!!　たったの6%!?

極論すれば、たとえ対中輸出がゼロになったとしても、わが国のＧＤＰは6パーセント下がるだけです。

しかし、中国は日本から工業原材料を輸入しないと企業が生産を続けることが不可能になります。ですから、いくら中国が強がりを言っても、日本からのこれらの輸入を続けざるを得ないわけです。

メディアは「貿易立国の日本にとって、日中関係の悪化は日本側の痛手が大きい」と嘘の報道を垂れ流していますが、これが中国の工作の結果であることは容易にわかりますね。

念のためですが、日本のＧＤＰの85パーセントは内需によるものです。日本は決して貿易立国ではありません。内需主導の経済なのです。

経済界の方々には、この事実をもっと理解していただきたいと思います。私たちはメディアなどが脅してきても泰然《たいぜん》と構えていればいいのです。中国経済の減速の影響を受けるとしても、きわめて限定的なもので終わるのですから。

米露が接近するなかでの日中関係

――メディアの報道やネットの情報などを見ていると、「ロシアと中国が組んで、アメリカに対峙している」という話をよく聞きます

世界の構図は、「トランプのアメリカ」対「プーチンのロシア＋習近平の中国」である――という見方ですね。

そうではありません。これから、世界の構図は「トランプのアメリカ＋プーチンのロシア」対「習近平の中国」になっていきます。「愛国者であるトランプのアメリカと、愛国者であるプーチンのロシアが接近して、両者でグローバリズムの中国を抑え込もうとしている」と見ることが今後の国際情勢を読みとるときのポイントです。

この構図は、ロシアが北朝鮮に示している姿勢を見ればよくわかるはずです。

トランプは２０１７年の就任とほとんど同時に、北朝鮮に批判と非難の矛先を向けました。「その結果として、金正恩《キムジョンウン》が首脳会談を申し出た」という流れをまずおさえておきましょう。

トランプは金正恩を追い詰める方向で交渉を進めていました。しかし、ロシアはそれに対して一切、邪魔立てするような発言はしていません。

それどころか、2018年の3月にロシアの通信社が、議会上院のイリヤス・ウマハノフ副議長が「北朝鮮は、第三国からの核攻撃から保護すべきロシアの同盟国ではない」との考えを示した――と報道しました。

ウマハノフ副議長の発言の背景には、ロシアが1992年、旧ソ連の構成共和国であるアルメニア、ベラルーシ、カザフスタン、キルギス、タジキスタンとの間に結んだ集団安全保障条約があります。2004年、集団安全保障条約機構に改編されました。

ウマハノフ副議長は、「北朝鮮という国は機構に加盟していないし、それに代わるような条約も結んでいない」と言ったのです。

つまり、「ロシアはアメリカの核から北朝鮮を守るとは考えていない」のです。見方によれば、プーチン大統領がトランプ大統領の援護射撃をした、ということに他なりません。

――アメリカとロシアが接近しているということであれば……

中国一国でアメリカに戦争をしかけることは不可能です。アメリカとロシアが裏で接近しているということであればなおさらでしょう。したがって、米中の軍事的な激突の可能性は限りなく低い、と私は考えています。

念のためですが、トランプが中国の軍事力を恐れているから米中戦争は想定されないということではありません。中国はアメリカに挑戦するだけの軍事力を持っていないということです。この点を誤解してはいけません。

メディアなどは盛んに中国が軍事力でもアメリカを追い越すと嘘の情報を流していますが、これは戦わずして勝つという中国の伝統的な「孫子の兵法」であると見破ることが必要です。

先ほどお話ししたように、今後の世界は「トランプのアメリカ＋プーチンのロシア」対「習近平の中国」になるでしょう。

ただし、ディープ・ステートはプーチンを敵視していますので、この構図になるかどうかは流動的です。

ターニングポイントになるのは、今秋のアメリカ大統領選挙です。トランプ再選は固いと思いますが、再選後のディープ・ステートのトランプ大統領に対する姿勢が軟化するかどうかですね。

もしトランプが圧勝すれば、ディープ・ステートもトランプの実力を認めざるを得なくなるでしょう。

＊

結局、中国をどう考えればいいのでしょうか？　中国を普通の国家として考えてはいけません。中国を見ていくうえで重要な視点は次の三つです。

・中国は共産党による一党独裁国家である
・中国は超個人主義の国である
・中国は「国」ではなく「市場」である

そして、この3つの視点から中国を見た場合、明らかに予測できることがひとつあります。それは、「共産党による一党独裁体制は、経済が衰退すれば崩壊する」ということです。

共産党は独裁政治体制を死守しようとしています。中国国民は自由な企業活動を求めています。両者の間にすでに乖離が生じていることは明らかです。

利己主義で国家観のない中国という市場では、自分が儲けることさえできれば、独裁体制だろうが、群雄割拠の内乱状態だろうがどうでもいいのです。しかし、いまや儲けることができなくなりつつあります。

共産党が中国を支配している正当性はいま、経済にしかありません。経済が衰退するのなら、共産党への忠誠心は皆無に等しくなるでしょう。

トランプ大統領は現在、経済政策を中心に、厳しい対中政策を進めています。だから中国は日本に対する「微笑外交」を強めています。日米の離間が目的です。

今後ますます、日本の政治家や企業家がチャイナマネーになびかずにいられるかどうかが日本の課題になるでしょう。おそらく中国は、親中派に対して相当な額のチャイナマネーをすでに注ぎ込んでいるはずです。

この度、わが国を襲った新型コロナウイルス（武漢肺炎）の感染者がこれほど拡大した元凶は、わが国政財界の親中派が過度に中国に忖度《そんたく》した結果と言えます。

中国は、日米関係が脆弱化《ぜいじゃくか》しているときには強圧的な態度に出る一方、日米関係が強固なときには日本にすり寄ってきて、日本を攪乱《かくらん》しようとする国です。中国が融和的な態度をとること自体はもちろん拒否すべきことではありません。しかし、そこに隠された意図を読みとらなければいけません。

中国はトランプ大統領の信頼が厚い安倍首相への攻撃をますます強めていくでしょう。マスコミの報道にせよ政局にせよ、いわゆる「安倍降ろし」の背景にある中国の影をしっかりと見極めなければなりません。

また、「ポスト安倍」として報道に名前の上がる自民党政治家のほとんどは親中であることにも注意しておきましょう。チェックポイントは、「発言の中に中国の利益となる点はないか」ということです。

ロシアと日本の「現在」

「市場経済化」に失敗した、ソ連崩壊後のロシア

1991年にソ連は崩壊しました。共産主義経済は終わり、ロシアは市場経済化していくことになります。

ロシアがどのように市場経済化していくのか――、その流れを知ることで、現在の北方領土問題にからむさまざまな日露関係の問題点や課題もまた見えてくるはずです。

ソ連の崩壊後、市場経済化のために、まずアメリカの新自由主義者たちがロシアに乗り込みました。ハーバード大学のジェフリー・サックス教授をヘッドとする市場民営化チームです。

新自由主義者のチームは、強権的に市場経済原理を導入しました。「ショック療法」と呼ばれています。その結果、ロシアの物価は「市場価格」を反映して急激に高騰し、

インフレ率80倍のハイパー・インフレーションになりました。
ロシア国民は生活基本物資さえ購入できない状態に陥りました。当時、日本でも支援運動が起こりました。「カップラーメンを送ったはいいが、お湯を沸かすガスが不足していて食べられない」という笑うに笑えない状況が盛んに報じられました。

――80倍!! ものすごいインフレですね

ロシア政府は、国家財政立て直しのためにIMFの支援を仰ぐことになりました。実は、IMFは「民営化請負国際金融機関なのでは?」と揶揄《やゆ》したくなるほど民営化一本やりの機関です。
共産主義経済から市場経済への移行は、史上はじめての大いなる実験でした。IMFにとっては胸が躍るほどの腕の見せどころです。しかし結果的に、新自由主義によるショック療法もIMFの民営化処方も大失敗に終わりました。
ロシアはさらに大失敗を重ねます。「バウチャー(民営化証券)方式」と呼ばれる、国営企業の民営化を実現するための政策の失敗です。

――なぜ失敗したのですか?

バウチャー方式は、バウチャーを集めて企業を立ち上げる資金にするか、あるいはバウチャーで民間企業の株を購入するか、という政策でした。しかし、共産主義社会に生きてきたロシアの人々は、民営化の意味を理解できなかったのです。

一部の人間がバウチャー方式の欠点を悪用しました。無知な所有者から安値でバウチャーを買い集めて企業を立ち上げるという状況になったのです。

ロシアの民間企業や銀行はこうした状況の中で育っていきます。特に民間銀行家たちは、財政赤字に悩む政府に対して融資を申し出るというビジネスを行いました。

ロシア政府は資金不足に陥っていますから、二つ返事で融資を受け入れます。その担保として取られたものこそ、天然資源を取り扱う国営企業でした。

財政基盤が固まっていないロシア政府は、当然、借りたカネを返せません。ロシアの石油や鉱物資源などが、どんどん民間銀行家の所有となっていったわけです。

政府にカネを貸し、国営企業を手に入れた銀行家たちは、新興財閥としてロシアの経済社会のさまざまな分野を支配することになりました。この新興財閥のことを「オルガルヒ」と呼びます。

――新興財閥の「オルガルヒ」？　はじめて聞きました……

民主化の旗手として名声をほしいままにしたロシア連邦の初代大統領ボリス・エリ

ツィンは、オルガルヒの言うがままになりました。当然、国民の反発を買って、支持率はなんと0・5パーセントまで落ち込みました。

ところが、エリツィン大統領の欧米での人気には根強いものがありました。天然資源企業の民営化を実現して、欧米の国際金融資本家が儲ける土台をつくったわけですから当然です。

そこに、こうした流れに疑問を持つ人物が登場します。エリツィンを引き継いで2000年にロシアの大統領となったウラジーミル・プーチンです。

プーチン大統領vs.新興財閥「オルガルヒ」

プーチンは、エリツィンが辞任した後、大統領代行に任命された人物でした。2000年5月の選挙で当選して、正式に大統領に就任しています。

先ほどお話ししたように、当時は「オルガルヒ」が政権を背後から操っていました。ボリス・ベレゾフスキー（石油大手のシブネフチ、ロシア公共テレビORTなど）、ウラジーミル・グシンスキー（持株会社のメディア・モスト、民放最大手NTV）、ロマン・アブラモビッチ（シブネフチを共同所有）、ミハイル・ホドルコフスキー（メナテップ銀行、石油大手のユーコス）、ピョートル・アヴェン（民間商業銀行最大手アルファ銀行頭取）、ミハイル・フリードマン（アルファ銀行創設者）、ウラジーミル・ポターニン（持株会社のインターロス・グループ、鉱物大手のノリリスク・ニッケル）の7人が主要メンバーです。

中でもベレゾフスキーは、エリツィンを後継するべき人物として、最初からプーチンに白羽の矢を立てていました。プーチンの支持政党「統一」を設立したほど後援していたのです。

――「オルガルヒ」はプーチンの実力を認めていたのでしょうか？

ある程度は認めていましたが、ベレゾフスキーは、プーチンをエリツィンと同じように自分の利益に合わせて自在にコントロールできる人間だと考えていたのです。

対するプーチンは違っていました。プーチンはオルガルヒの政治介入を阻止し「政治」を政治家の手に取りもどすため、中央集権的な権力を強化しようとしたのです。

ベレゾフスキーはプーチンを操ることができませんでした。その後、ベレゾフスキーはイギリスに亡命して、２０１３年、自殺体となって発見されました。

また、グシンスキーはメディア関係の事業家で、こちらはベレゾフスキーとは逆にプーチンは危険だとして早くから対決していました。主要なメディアを配下に置いていたグシンスキーは、メディアを駆使してプーチン批判を続けました。しかし大統領就任直後に横領詐欺などの罪状で逮捕され、いったん釈放後、スペインに亡命します。

グシンスキーの逮捕は、欧米および国内でも反発を呼びました。なぜなら、ロシアにおける「言論の自由」の問題を象徴する出来事だったからです。もっとも、この反発には裏があることを読み解くことが必要です。「言論の自由」は錦の御旗ですが、「言論機関を所有している者の自由」になる危険があることをよく知っておくべきです。欧米メディアの実態をみれば、この意味がよくわかるはずです。

本当に言論の自由を重要とするなら、資金力にものを言わせて多くのメディアを支配下に置くことこそ、いかがなものかと思います。メディアの独占は、言論の自由を危うくします。

ベレゾフスキーとグシンスキーの追放以降、新興財閥オルガルヒの政治介入は沈静化したかのように見えました。アブラモビッチはプーチン大統領に恭順の意を示し、現在、イングランド・サッカーの名門チェルシーを所有してサッカーに夢中です。

――その後、「オルガルヒ」はどうなりましたか？

石油大手ユーコスの社長だったホドルコフスキーが抵抗を続けました。

プーチンとホドルコフスキーの対決は、2003年に決戦を迎えます。ホドルコフスキーを逮捕したのです。ホドルコフスキーはシベリアの刑務所に服役し、2013年に恩赦されて出獄しています。

ホドルコフスキーの容疑は脱税です。実際に脱税していたのですが、プーチンの本意は、民間銀行家たちの政治介入の阻止にありました。ホドルコフスキーはプーチンの反対政党を支援したり、自らの大統領選出馬を公言するようになっていたのです。

ホドルコフスキーには、さらに大きな問題がありました。欧米の国際主義の指導者たちと密接な関係にあったということです。

その関係者のひとりが、イギリスのジェイコブ・ロスチャイルド卿でした。ホドルコフスキーはロスチャイルド卿と組んで「オープン・ロシア財団」をロンドンに設立していました。

――「オープン・ロシア財団」？

ロシアの経済開放を目的とする財団です。ホドルコフスキーはアメリカにも同財団の事務所を開設し、ヘンリー・キッシンジャーを理事に招聘《しょうへい》しました。

プーチン大統領が最終的に逮捕を決断したのは、ホドルコフスキーが所有する石油会社ユーコスとアメリカ石油メジャーとの提携問題でした。

ユーコスはシブネフチと合併して世界有数の石油会社となっていました。その後で、アメリカ石油メジャーのシェブロンやエクソンモービルに40パーセントに及ぶ株を売却する交渉を続けていたのです。

これはロシア国家の富をアメリカ資本に譲り渡す行為です。ロシア民族主義者たるプーチンにとって到底許せるものではありません。ホドルコフスキーを逮捕することでロシアの富の流出を阻止したわけです。


プーチンの登場で「新冷戦」、つまり「アメリカとロシアの新しい冷戦」がはじまったとよく言われますね。世界の主要メディアの報道によれば、2007年2月のミュンヘン安保会議において、プーチン大統領が「米国の一方的な行動は問題を解決しておらず、人道的な悲劇や緊張をもたらしている」とアメリカを非難するスピーチを行ったことをもって〝新冷戦の開始〟とされているようです。

しかし、実際には、本当の意味での新冷戦がすでにはじまっていました。アメリカの石油メジャーにロシアの富が流出するのを阻止した、2003年のホドルコフスキー逮捕投獄こそが新冷戦の開始です。

「本当の意味での」とは、いわゆる米ソによる東西冷戦は〝出来レース〟でしたが、今回の米露の対決は〝ガチンコ勝負〟の冷戦という意味です。2014年に表面化したウクライナ危機は、それを代表する事件のひとつだったと言えるでしょう。

ディープ・ステートがシナリオを書いた「ウクライナ危機」

ウクライナ危機の発端は、2013年末、経済が低迷していたウクライナ国内での反政府デモでした。EUとの経済連携協定締結をめぐり、親露派政権と親欧米派勢力の対立が激化して、親欧米派による暴力的なデモが続いたのです。

翌2014年2月24日にビクトル・ヤヌコビッチ政権が崩壊しました。ヤヌコビッチはロシアに逃亡し、ウクライナ暫定政権の首相にアルセニー・ヤツェニークが就任します。

その後、世界の関心がクリミアに注がれます。

クリミアは、ウクライナ領内の自治共和国でした。ロシア系住民が6割を占める地域です。デモ隊が地方政府庁舎や議会、空港を占拠する事件が起こりました。クリミア議会は親露派のセルゲイ・アクショーノフを新首相に任命します。

3月7日、自治共和国議会およびセヴェストポリ市議会はクリミア独立宣言を採択します。同月16日に国民投票を実施しました。その結果、圧倒的多数で、独立とロシアへの編入が決まりました。プーチン大統領はクリミアの意向を受け入れ、ロシア編入を発表しました。

これにアメリカが反発するわけです。「親露派自警団の監視下で行われた国民投票は民主的でなく国際法違反である」と非難して、ロシアに対する経済制裁に踏み切りました。

さて、実はこれには、たいへん不可解なところがあります。アメリカは確かに経済制裁には踏み切りました。しかし、2013年末に端を発するウクライナの反政府デモがクーデターに匹敵する暴力的なもので、暫定政権がウクライナ憲法に違反している事実にアメリカはまったく言及しなかったのです。

――なぜウクライナの反政府デモに、アメリカは言及しなかったのですか？

ウクライナの反政府デモを主導したのがアメリカだったからです。つまり、「ウクライナ危機はアメリカが描いたシナリオによって進められた」ということです。

決定的な証拠があります。反政府デモとヤヌコビッチ政権側の対応がまだ一進一退を繰り返していた2014年1月28日のことです。アメリカのビクトリア・ヌーランド国務次官補とジェフリー・パイエト駐ウクライナ・アメリカ大使が電話会談を行いました。

その内容が動画サイト・ユーチューブで暴露されたのです。電話会談では、まだヤヌコビッチ大統領が権力の座にある段階で、ヤヌコビッチ政権崩壊後の新政権人事の協議をしていました。二人は暫定政権の首相にヤツェニークをあてようと会話し、事実そのとおりになりました。

ウクライナの憲法は、「大統領を交代させるには議会における弾劾裁判が必要だ」と定めています。つまり、暫定政権は違憲状態の中で成立した政権だったわけです。アメリカがウクライナの反政府デモの実態について一切触れようとしなかったのは、自分たちの悪事を隠すためでした。

――ウクライナ危機が起こった本当の理由はなんですか？

プーチン追い落としを狙う国際金融資本家の実践部隊としてネオコンが動いていました。ネオコンが関与したクーデターこそが、ウクライナ危機と呼ばれる一連の問題ではないかと私は考えています。

ウクライナで激化した反政府デモを煽《あお》ったのは欧米メディアでした。実はヤヌコビッチは、むしろ親欧米派が求めているEUとの連合協定に署名するべく努力を続けていたのです。

EUのほうこそが、数々の条件を出して署名のハードルを高めていました。欧米のメディアは事実を一切伝えることなく、「ヤヌコビッチが協定署名を拒否したことがデモの原因だった」と一方的に報じ続けました。

結果的にヤヌコビッチは大統領の座から引きずり下ろされ、ウクライナに親欧米派の暫定政権が誕生します。

欧米メディアが流した「親露派ヤヌコビッチ＝悪」という構図は、アメリカのネオコンが周到に準備したものです。ウクライナ危機はシナリオどおりに進み、メディアは今でも、クリミアを併合したプーチンは「黒い皇帝」だ、という情報操作を続けています。

ここにウクライナ危機の隠された目的が見えてきます。つまり、「プーチンを失脚させてロシアをグローバル市場に組み込む」ということです。

アメリカの衣を着た国際金融勢力がウクライナ危機を口実に、再びロシアを勢力下に置こうと企んでいるわけです。これは、1917年のロシア革命の再来ですね。ただし、今回の革命は「共産革命」ではなく「グローバル市場革命」です。

アメリカとロシアを橋渡しすべき日本

トランプ大統領は、国際金融資本勢力とネオコンなどからなるディープ・ステートの「国際主義」に徹底抗戦する立場を鮮明にしています。

これまで見てきたように、これは、プーチン大統領の考え方と一致します。トランプ大統領はロシアとの関係を改善していくとすでに発言しています。

アメリカとロシアが組んで中国を抑えるという構図ができつつあるのです。しかし、いまはまだトランプ大統領は反ロシア勢力のディープ・ステートに足を引っ張られ、思うような対露関係改善に踏み込めていないというのが現状でしょう。

――米露関係改善の打開策はあるのでしょうか？

アメリカとロシアを橋渡しできる存在が必要です。その存在とは、トランプ大統領ともプーチン大統領とも馬が合う日本の安倍首相ということになるでしょう。これを恐れるからこそ、中国は盛んに〝安倍降ろし〟を工作しているわけです。

日本とロシアの間には、北方領土問題という大きな懸案があります。しかしプーチン大統領と安倍首相の間で、信頼関係を基礎としながら着実に交渉が進んでいます。

2016年5月、ソチで「新しいアプローチ」に基づいて交渉を進めることが首脳のみの会談で合意されました。その合意を受けて、安倍首相は8項目の経済協力プロジェクトを提案しました。

「領土問題と経済協力は不可分の関係にある」というのが、安倍首相とプーチン大統領の共通認識です。これこそ、この交渉の核心です。領土問題が先にあり、8項目の経済協力プロジェクトがある――という交渉の順番がポイントです。

新聞やテレビの報道では、「経済が先行して領土は置いてきぼりになるだろう」「ロシアは経済の果実だけに関心があるに違いない」といった憶測が飛び交っているようですね。

メディアの報道は間違っています。領土が解決しなければ本格的な経済協力もない、食い逃げなどできない仕組みになっている、ということが交渉の順番から明らかにわかります。

――「新しいアプローチ」とは何でしょうか？

具体的には明らかにされていません。しかし、核心は、北方領土交渉を日露関係全体の中で議論しようということにあります。

これまでのように4島の帰属問題を議論するだけでは、入り口で止まってしまうばかりです。最終的には、4島の「引き分け」ということになる。歯舞《はぼまい》・色丹《しこたん》の2島、国後《くなしり》まで入れた3島、択捉《えとろふ》を入れた4島の面積を二等分、の3つのパターンが考えられます。

しかし、いずれにしても、日本の悲願である4島返還は実現しないでしょう。このジレンマを解消して日露の「引き分け」に持っていくことこそが「新しいアプローチ」なのだろうと思います。領土交渉と経済協力をリンクさせる、ということです。

＊

現在、日本とロシアとの北方領土交渉は止まっています。新聞やテレビでは、「プーチン大統領は信用できない。北方領土を還すつもりなどなく、経済協力だけを期待している」という報道ばかりが目立ちます。

世界のメディアのほとんどがプーチン悪者説です。日本もまた、ほとんどの政治評論は反プーチンです。しかし、プーチンが悪いとだけ言って済ませていると、世界情勢は見えてきません。

すでに述べたように、ウクライナ危機を起こしたのは、ディープ・ステートの実戦部隊であるネオコンです。プーチン大統領を引きずり下ろすための策略です。

プーチンは反グローバリズムです。だからディープ・ステートはプーチンを引きずり下ろす必要があるのです。

この構図を認識していると、世界で起きていることはほとんど理解できます。

ロシア国内におけるプーチンを批判する勢力の正体を解説するメディアはほとんどありません。ロシア国内の反プーチン勢力は、「ロシアのグローバリスト」です。日本のメディアでは、「ロシアの民主主義勢力」と言われている人たちです。

単刀直入に言えば、「ロシア国内にいるユダヤロビー」ということになります。強力なユダヤロビーは、アメリカだけでなく、実はロシアにも存在しているのです。

エリツィンの時代は先に述べたオルガルヒの中心とするグローバリストがロシアの政権を牛耳っていました。その多くをプーチンは追放しましたが、要所要所にまだ残っています。国際金融勢力に密かに支援されているNGOの活動家や政治家などが反プーチン運動を展開しているわけです。

北方領土交渉が止まっているのは、そうした反プーチン勢力（グローバリスト勢力）が騒いでいるから。彼らは、日露関係の強化を阻止するのが目的なのです。

日本と米中露の外交史

2限目から4限目までは〝歴史に学ぶ〟授業です。
黒船来航で実質的にはじまった日本の近現代──。
「開国」の本当の意味とは？
明治、大正、昭和の日本人が戦っていたものとは？
日本と米中露のそもそもの関係から、解説していきます。
本当の歴史を知れば、

現在の世界の裏の構造が見えてきます。
そして戦後、
世紀の国際社会を一貫して牛耳ってきた
ディープ・ステートがいまもなお
日本と米中露の関係を翻弄し続けていることも
おわかりいただけるでしょう。

2限目 過去

幕末から第一次大戦までの日本と米中露の関係

欧米列強から狙われた⁉ 幕末日本

日本とアメリカのそもそもの関係――「国交開始のきっかけ」というと、まず思い浮かべるのは「黒船来航」でしょう。1853年（嘉永6年）に、マシュー・ペリー提督率いる米国海軍東インド艦隊の蒸気船2隻を含む艦船4隻が来航して、いまの神奈川県の浦賀に停泊しました。

教科書的には、捕鯨船に必要な物資の補給地を求めての来港と言われていますが、裏の目的は別にありました。

ペリーを動かした人物の一人が、オーガスト・ベルモントというロスチャイルド財閥の米国における代理人です。このベルモントの義理の父親がペリーなのです（ペリーの娘キャロラインと結婚）。そうしますと、ペリー来航は「日本市場を開放させよう」という国際金融資本家たちの意図にもとづいたものであることが窺《うかが》えます。

日米和親条約が結ばれたのは翌年のことです。「鎖国が終了して、日本は欧米に対して開国をした」と歴史の教科書では習います。日米和親条約では、下田と函館を開港しました。

1858年（安政5年）に、日本はアメリカと日米修好通商条約を結びます。神奈川、長崎、新潟の港が開港されることになり、当時の日本経済の中心地、江戸や大坂でアメリカは商取引ができることになりました。

関税自主権の放棄や治外法権といった、いわゆる「不平等条約」の問題はありましたが、とにかく日本はアメリカと貿易を行うことにしました。表向きには、これをもって「日本は開国した」と言われています。

しかし、それだけを見ていては、国際情勢を掴むことはできません。開国というのは、欧米先進国の立場から言えば「他国を植民地にして、自分たちの市場にする」という意味です。こういう視点で考えることが大切です。

――植民地ですか!?

中国を補助線にしてみましょう。1840年にアヘン戦争がはじまりました。当時の王朝・清とイギリスとの戦争です。

イギリスが勝って、それ以降、ヨーロッパの列強が中国になだれ込みました。治外法権の承認や関税自主権の喪失、片務《へんむ》的最恵国待遇の承認、開港、租借地の設置といった不平等条約を次々に結ばされた結果、中国の半植民地化が進みました。

――なんだか、日本の開国とよく似ています

同じですよ。アメリカやヨーロッパの列強は、日本を植民地にするか、あるいは当時の中国と同じように実質的な保護国に置こうとしたのです。

「幕末は、日本が列強から狙われた時代だった」と言うことができるわけです。

「植民地」にならないためには……

幕末当時の日本の置かれた状況は、「欧米化」との戦いでした。いまでも基本的にそれは変わらないのですが、当時は独立国としての日本の生存がかかった、文字どおり「生死を賭けた戦い」でした。

日本の生死を「攘夷《じょうい》」に求める人たちもいました。「攘」とは追い払うこと、「夷」は夷狄《いてき》、つまり外国人を意味します。外国との通商に反対して、外国人を撃退しようという思想です。

「尊王攘夷」が合言葉で、威勢はよく、大衆の感情に訴える効果はありました。ただし、少し冷静に考えればわかることですが、攘夷を進めていくと戦争になります。

しかし、欧米列強と戦争するわけにはいきませんでした。当時の日本は、国力が弱かった。戦争をすれば、国が滅ぼされてしまうことは目に見えていました。

結果的に、幕末の日本は滅ぼされませんでした。先人たちは、攘夷ができない以上、どうやってアメリカやヨーロッパの植民地にならずに生き残っていくかを、一所懸命に考えたのです。

勝海舟という人を知っているでしょう。１８６８年に、西郷隆盛と会談して、江戸城を無血開城したことで有名ですね。明治新政府軍と旧幕府軍の間で、江戸市街戦争にならずに済みました。

勝海舟は江戸幕府の幕臣でした。私が勝海舟に感心するのは、次のことです。

それは、「外国からカネを借りてはいけない」とつねに主張していたということ。『氷川清話《ひかわせいわ》』という勝海舟の回顧録がありますが、これには何度も「外国に借金するな」という話が出てきます。

――なぜですか？　力が弱い以上、外国から借金をして軍備などにあてる、というのもひとつの方法ではないでしょうか？

当時、幕府側にはフランスが、新政府側の薩摩・長州にはイギリスが援助しようとしていました。カネを借りるのは簡単でした。しかし、どの勢力もそれはしなかった。もし彼らが借金をしていたら、日本国内での新政府対旧幕府の戦争、たとえば戊辰《ぼしん》戦争（１８６８〜６９年）は、フランスとイギリスの代理戦争になっていた可能性があります。

しかも、この当時の借金を、未だに日本は返し続けていなければならなくなっていたかもしれません。これは、「日本が属国化する」ということです。

実は、幕末から１４０年も経って勝海舟の慧眼《けいがん》を裏づけたのが、フランスのジャック・アタリという国際金融資本家の広告塔です。アタリは『国家債務危機』の中で、「国家は債務によって興り、債務によって滅ぶ」と喝破しましたが、これこそ勝海舟が直感的に見抜いたことなのです。

また、勝海舟と西郷隆盛との会談も、日本人独特の阿吽《あうん》の呼吸で無血開城の合意に至りました。幕末から明治維新の日本には、実は、こういったところにたいへん見るべきものがあります。

アメリカに対する開国からはじまって明治維新へと続く当時の日本に起きたこと

は、きわめて大きな変化でした。しかし、それは、アメリカやヨーロッパの歴史で言う「革命」などではなかった、ということです。

明治維新は「革命」ではなく「復古」

――「革命」を辞書で調べてみると、「被支配階級が時の支配階級を倒して政治権力を握り、政治・経済・社会体制を根本的に変革すること」と書いてあります

世界史ではフランス革命やロシア革命が有名ですが、日本が明治維新で行ったのは「革命」ではなく、「復古」でした。

国の根幹を揺るがすような事件が起こったとき、古来、日本人はいつも「復古」を目指すのを常としてきました。「過去の歴史に戻って、どう対応するかを考える」ということです。

先人たちが考えたのは、日本古来の「国体」に沿った生き方と欧米化を両立させることでした。

国体という言葉は、現在では、あまり使われない言葉かもしれませんね。ここでの国体とは、もちろん「国民体育大会」のことではなく（笑）、「くにぶり」、いわゆる「お国柄」のことです。

話を戻すと、欧米化を受け入れつつ、日本の伝統文化を守りながら、アメリカやヨーロッパの植民地にならずに生き延びていく方法を、当時の日本人は模索したわけです。

――だから日本は、植民地にならなかったんですね！

正確に言えば、いまも100パーセントの成功をしているとは言えないのですが……。それでも、「アメリカやヨーロッパの植民地にはならない」という目的は達成していますね。

明治日本と清国との関係の核心は「朝鮮半島」

ここで、明治維新後の日本と中国（清）の関係を整理しておきましょう。日中関係は、つねに日米関係の反映でもある。その視点から、日中関係を見ていくことが肝要です。

まず、1894年の日清戦争はなぜ起こったか。

「朝鮮の支配権をめぐる日清両国の戦争」と歴史教科書では習いますが、「なぜ朝鮮の支配権を争ったのか」というところを見なければいけません。

清とイギリスが戦ったアヘン戦争についてはすでにお話ししましたね。

——はい。列強によって半植民地化されていく清の有様を見ていたから、当時の日本は、植民地にならない方法を懸命に追求し続けたということでした
そのとおり。明治の指導者たちは、こう考えました。

「日本一国では、欧米の強大な力には、とてもではないけれど、対抗できない。欧米に同じような目にあっている、朝鮮や清を目覚めさせる必要がある」と。

つまり、日本が独立国としてやっていくために、「朝鮮ならびに清にも近代化してもらおう」と考えたわけです。

そして、当時の清と日本の関係を考えるうえでは、朝鮮半島の情勢を見ることが欠かせません。帝国主義で世界進出を目論む列強のひとつ、ロシア帝国は、南下政策を進めていきました。

ロシアの南下で朝鮮半島が不安定化していきます。日本としては、朝鮮半島が安定しないと、国の安全が保てません。ロシアの脅威が目前に迫るからです。朝鮮の近代化を進めて、朝鮮を独立させたいと考えていました。

――西郷隆盛などが唱えていた「征韓論」もそのひとつでしょうか？

そうですね。征韓論は、「欧米の植民地にならないために、朝鮮は独立しなければならない。その独立を日本は支援する」という考え方が元になっています。

「当時の明治政府は、征韓論をめぐって対立した」と、歴史の授業で習います。「日本はかねてから日朝修好を求めていたが、朝鮮政府は鎖国政策をとり続けて交渉を拒絶し続けていた。出兵して占領すべきだという論と、やはり交渉で解決すべきだという穏健派とで対立していました」と。

しかし、征韓論は、朝鮮を征伐しようというものではなく、朝鮮を独立させようとするものでした。ところが、朝鮮はそれにまったく応じようとしません。

――それはなぜでしょうか？

清王朝は朝鮮を自分の属国だと考えていましたし、朝鮮の側も清王朝こそ宗主国、つまり「従うべき上位の国」と考えていたからです。朝鮮は、伝統的に宗主国・中国の下につく「小中華」ですから、独立などということは考えたこともありません。清朝鮮の関係に日本が入り込んでくるのはけしからん、ということばかりを主張しました。

先にお話ししたように、明治政府は、日本と清と朝鮮がともに近代化して列強の帝国主義に対抗すべきだと考えていました。ところが、清も朝鮮も、自国の近代化も文明開化もまったく考えていないという状態だったのです。

中国の「中華思想」は自らが世界の中心に位置する唯一の文明であるとみなしていたので、欧米列強も中国の下にあるとみていたのです。だから、彼らが何かを学ぶという姿勢になかなかならなかったわけです。

特に、日本に対しては、清は日本に文明を教えた兄貴分であるという度し難い優越感と、弟分であるはずの日本に国家発展の先を越されてしまったという癒やし難い劣等感で自縄自縛に陥っていました。ちなみに、小中華主義の朝鮮も日本を弟分とみなしていましたので、清と同様の感情を持っていました。このようなアンビバレントな感情が、以降の日清関係を決することになることに注意しておく必要があります。

この中国（清から中華民国を経て、現在の中華人民共和国に至るまで）の複雑な対日感情に日本は翻弄されることになるのです。

――確かに、現在の日本も、中国や韓国、北朝鮮に翻弄されています……

「脱亜論」という言葉も聞いたことがあると思います。日清戦争の10年ほど前に、福沢諭吉が『時事新報』という新聞に発表した社説ですね。

朝鮮も清国も近代化のそぶりを見せません。植民地化されようとしている自国の状況に、まったく気がついていないように見えました。朝鮮に至っては、宗主国の清になびいたと思えばロシアと組んだりして、日本の妨害ばかりをする始末です。

自国の将来を考えない隣人とはつき合いきれない、というのが「脱亜論」の趣旨でした。

日本は中国から多くを学んで日本の文化を豊かにしてきましたが、韓国のように中国をマネすることはありませんでした。それゆえ、日本は近代化できたのです。

先ほどお話ししたように、中国は日本に対する優越感と劣等感によって苛《さいな》まれ、深く病むようになっています。日本にとっての教訓は、中国をマネないこと（中国にのめりこまないこと）。端的に言えば、〝敬遠〟です。過去の中国文明から学んで豊かになった経験から、中国に敬意をはらうのはいいのですが、決してマネはしない（近づきすぎない）。すなわち、遠ざけるということです。

日清戦争をきっかけに、日本を恐れ始めたアメリカ

しかし、結果的に日清戦争は起こります。

日清戦争は「朝鮮を近代化させて独立させようとした日本」と「朝鮮を近代化させずに属国のままに置こうとした清国」との戦争でした。朝鮮半島は、ロシア帝国の脅威に対する日本の生命線でもありました。


――欧米の国々は、日清戦争をどう見ていたのでしょう?


当時の欧米列強は、新興の日本を警戒してはいましたが、日清戦争勃発の時点では、お手並み拝見といった感覚でした。半植民地化しているとは言え、清は大国でしたから。

ところが、日本が勝利しそうな状況になると、欧米列強は「日本もなかなかやるな」という反応になり、徐々に台頭する日本を恐れはじめました。

特にアメリカはまだ歴史も浅く、イギリスやフランス、ドイツ、ロシアに追いつき追い越せという立場にありました。中国大陸の市場は必要不可欠で、むざむざ日本の

ものにさせるわけにはいきません。

――アメリカは、清を応援したのでしょうか？

軍を派遣したりなどはしていません。ただし、日清戦争の最中の1894年12月、アメリカの新聞が「日本軍が旅順で虐殺行為をした」と報道しました。

ジェイムズ・クリールマンという記者が、ジョゼフ・ピューリッツアーの主宰するイエローペーパー、つまりスキャンダル新聞『ニューヨーク・ワールド』に書いた捏《ねっ》造《ぞう》記事です。

なぜそのような報道になったのか。「アメリカによる、日本への警告」ですね。それと同時に、アメリカ国民に、日本は悪辣な残虐国家であるというイメージを植えつけるためです。

この捏造記事については、「日清戦争の頃からアメリカは日本を警戒していた」というところが重要です。

植民地支配構造の崩壊を恐れる勢力

欧米列強が日本を恐れたいちばんの理由は何か——。それは、日本が台頭すれば、欧米による植民地支配の構図が崩れることです。

——要するに、「ライバル」？

それは正確ではありません。日本がアメリカやヨーロッパと同じように、海外に対して、植民地支配をしようとしたのであれば、その見方は成り立ちます。しかし、日本はそうではありませんでした。

「日清戦争の勝利は、日本帝国主義の幕開けである」という話をよく聞きますが、まったく違います。日本は一貫して、アジアを発展させ、アジアの各国と一緒になって欧米諸国の植民地化政策に対抗しようとしたのです。

日本は、「アジアよ、立て！」と言い続けた……。欧米諸国が恐れたのは、「アジアが目覚めてしまう」ということです。

——「目覚める」とはなんでしょう？

アジアの国々が、「植民地支配を脱して独立する」ということです。欧米諸国は、日本の台頭によって、アジアの植民地が解放されることを恐れました。それは、「欧米諸国がアジアから追い出される」、つまり「莫大な利益を失う」ということを意味します。

ポイントは、やはり「植民地化」です。当時の日本は、欧米の植民地になってしまうのを避けることに必死だったのです。

相手は、イギリス、フランス、ドイツ、ロシア、そしてアメリカという列強です。日本一国では太刀打ちできません。そこで、「一緒にやりましょう」とアジア諸国に対して、繰り返し呼びかけていたわけです。


――台頭しつつある日本の国際的な信用を落とすための作戦が、先ほど出たアメリカの新聞記事だった、ということですね

アメリカは、アジアを含めた世界に向けて、「日本軍が旅順で虐殺行為を行った」という捏造記事を発信しました。これは、植民地支配を覆そうとする日本の台頭をよしとしない勢力が新聞を使って日本を牽制したことを意味します。

18世紀からはじまるロシアの対日政策

次に、日露についてです。日本とロシアの関係もまた、幕末から考えていく必要があります。

当時は、欧米列強が領土の拡大を図る帝国主義の時代です。ロシア帝国は東アジア地域で南下を開始していました。

エカチェリーナ2世治下の1792年にアダム・ラクスマンを日本へ派遣して以来、ロシア帝国は通商（開国）を要求し続けますが、江戸幕府は交渉を拒否し続けます。アレクサンドル1世の世になって、開国に応じない日本に対して報復するかたちで、1806〜07年、ロシア人の部隊が樺太や択捉の日本人居留地を襲撃し略奪しました。時の元号をとって、「文化露寇《ぶんかろこう》」と呼ばれています。

帝政ロシア（ロマノフ王朝）は、ヨーロッパの水準からすれば、遅れた国でした。1721年に初代皇帝の座についたピョートル大帝以来の最大の課題は、いかにヨーロッパに追いつくか、ということでした。ただし、ただ単に西欧化するというのは受け入れられません。「西欧化」と「スラブ主義」をどう結びつけるか——ということを、現在のプーチン大統領も未だに課題としているのがロシアという国です。

——スラブ主義とはなんでしょう？

スラブ主義とは、19世紀中ばの民族主義的な社会思想です。西欧主義に反対し、古来の農村共同体（ミール）を基盤とする独自の発展の道があるとの主張です。

話を続けましょう。1855年に日露和親条約が結ばれ、明治に入ってからの1875年、日本はロシアと「樺太・千島交換条約」を結びます。樺太を譲り渡す代わりに、日本は得撫島《うるっぷとう》以北の千島18島を領有しました。

南下政策を進めるロシア帝国の脅威に対抗しなければならず、朝鮮半島は日本の国防の生命線となりました。どうしても朝鮮を近代化させる必要があり、その朝鮮の独立を巡って清国との間に起こったのが1894年の日清戦争だったということはすでにお話ししましたね。

日清戦争が日本の勝利に終わり、清国の全権大使・李鴻章《りこうしょう》との間に「下関条約」と呼ばれる講和条約が結ばれました。1895年のことです。これにロシアがクレームをつけてきます。

――歴史教科書で習いました。「三国干渉」ですね！

下関条約によって、遼東半島《りょうとう》、台湾、澎湖《ぼうこ》諸島などが日本に割譲されましたが、これに対してロシアがフランスとドイツに呼びかけ、いわゆる三国干渉を仕掛けてきます。結果、遼東半島を清に返還させられ、遼東半島は後にロシアが清から租借します。

遼東半島は朝鮮半島のわずかに西に位置しますから、そこに駐屯することになるロシアは日本にとって大きな軍事的脅威になります。臥薪嘗胆《がしんしょうたん》でロシアに立ち向かっていき、ロシアに勝利したというのが日露戦争の概略です。

整理すると、「三国干渉の屈辱を晴らし、ロシアの南下を食い止めるための戦い」が、多くの日本人が考えている日露戦争です。

しかし国際社会は、日露戦争にまったく違う解釈をしています。

「日露戦争」の隠された目的

――日露戦争に違う解釈があるのですか？

国際社会は日露戦争を、「ロシア帝国から迫害されていたユダヤ系共産主義者が、ロシア皇帝を倒し、革命を起こすための戦いの布石」と考えています。ロシア革命は日露戦争の13年後、1917年に起こります。共産党独裁による、社会主義国家・ソビエト連邦を生むことになる革命でした。

注目すべきは、日本側の資金源です、日露戦争の戦費を用立てたのは誰か――。正解は、国際銀行クーン・ローブ商会のヤコブ・シフというアメリカのユダヤ系銀行家です。

ヤコブ・シフが日本の国債を購入したことで戦費を調達でき、日本は日露戦争に挑みました。国債購入資金は、シフの取りまとめにより国際金融ネットワークで集められたものです。

――アメリカが日本を支援したのですか?

「国家」という枠にとらわれるのはやめましょう。これは、昔もいまも、国際情勢を正しく見ようとするときの重要ポイントです。

正確に言えば、アメリカという国が支援したのではなく、「アメリカの銀行を牛耳っていたユダヤ系国際金融勢力が日本を支援した」ということです。国際金融資本家たちは、ロシア皇帝を倒すために資金を出して、日本を支援したのです。それが国際社会から見た日露戦争です。

――ちょっと待ってください! おかしくないですか? そうすると、結果的に国際金融資本家たちは、共産革命を支援したことになってしまいますが……

そう、国際金融勢力は、共産革命に手を貸したのです。それが、この授業でいちばん理解してもらいたい点です。現在の「国際ニュース」を読むためには、この知見が必要不可欠だからです。

じつは、国際金融勢力と共産主義勢力は、同じ思想を持っているのです。のちほど詳しく説明しますが、二つの勢力に共通するのは「国境をなくし、世界を統一する」という思想です。

——「世界を統一する」???

1917年のロシア革命を基点にすると、わかりやすくなります。1905年に終結した日露戦争はロシア革命の前哨戦でした。1914年に始まる第一次大戦は、ロシア革命を完成させるための最後の戦いでした。

日露戦争は、ロシア帝国から迫害されていたユダヤ系左翼革命勢力がロシア皇帝を倒して共産主義政権を樹立するための戦いの一環だったのです。

国際金融勢力によるロシア乗っ取り計画

ロシア革命も2度の世界大戦も、「世界統一」を目指す国際金融資本家たちの意向によって動かされてきました。

1814年から翌年にかけて、「会議は踊る」と揶揄《やゆ》されたウィーン会議という国際会議がありました。

フランス革命およびナポレオン戦争の後，ヨーロッパの政治秩序を再建するために行われた会議だというのが通説です。オーストリア、プロシア、ロシア、イギリスの四大国が事実上の決定権をもっていたと言われています。

ウィーン会議以来近代200年の世界の歴史は、ロシア支配をめぐる戦いだと言ってもいいでしょう。今から100年ほど前に、イギリスのハルフォード・マッキンダーという地政学者が、自著〈邦訳は『マッキンダーの地政学――デモクラシーの理想と現実』（増村保信・訳、原書房、2008年）〉の中で、以降の地政学者や国際政治学者が必ず引用する次の有名な言葉を残しました。

「東欧を支配するものがハートランドを制し、ハートランドを支配するものが世界島を制し、世界島を支配するものが世界を制する」

――「ハートランド」とはなんですか？

ポイントはそこですね。ハートランドは、ロシアとウクライナを指していますが、事実上ロシアと考えて差し支えないでしょう。さらに重要な点は、マッキンダーは「ハートランドたるロシアが世界を制すると言っているわけではない」ということです。「何者かが世界を制しようと思えば、ハートランドたるロシアを支配しなければならない」と指摘していることです。

ロシアを支配すれば世界を支配することができ、世界を統一することができるというわけです。

ロシアは、歴史上、世界制覇を目指す国家や勢力の侵略に晒《さら》されてきた、と言うことができます。たとえば、ナポレオン・ボナパルトはロシアを征服しようとして敗北しました。

「ロシアは領土拡張主義である」とはよく言われることです。しかし、この批判が正しくないことは、これでおわかりになったと思います。だから、世界統一を目指す国際金融勢力は、ロシアを支配することを追求してきました。ロシア革命は、ロシアの乗っ取りを画策した国際金融勢力による侵略だったのです。その証拠はすでに明らかになっています。詳細はのちほど述べます。

欧米の国際金融資本勢力は、ロシア革命を推進したウラジーミル・レーニンを資金的に支援しました。国際金融資本家たちのロシア革命への投資は成功します。レーニン率いるボルシェビキという組織が武装闘争によって権力を奪取しました。革命は成し遂げられ、ロマノフ王朝が打倒されたわけですが、ロシア革命政府は、王朝が保有していた莫大な資産の多くを欧米の投資家に利益還元しました。

投資家の手に渡ったのは、ロマノフ王朝の財産だけではありませんでした。レーニンと並ぶロシア革命の指導者のひとりに、レフ・トロツキーという人がいました。トロツキーはアメリカ亡命時代にヤコブ・シフの援助を受けていました。ロシアで革命の機が熟したときに、アメリカのパスポートを与えられてロシアに入国し、革命に従事します。

トロツキーがまず行ったのは、ロシアの民衆が保有していたゴールド（金）を没収することでした。共産主義には、資本私有禁止の思想がありますからね。没収した金は、革命家たちが投資家に負っていた負債の返済にあてられました。

――やはり、アメリカがキーパーソンのようですね……

はい。第一次大戦と、大戦後の国際秩序の形成に大きくかかわるのがアメリカという国です。日本はすでに大国の一つに数えられるようになっていましたから、当然、アメリカから大きな影響を受けることになります。

ポーツマス講和条約以降、日本は米国の仮想敵国に

日本の近現代史を学ぶうえで大切なポイントは、「アメリカの対日観がどのように変遷してきたか」を分析することです。「日本が何をしたのか」というよりも、「アメリカが日本をどう見るようになっていったか」を考える必要があります。これは、現在の日米関係でも同じです。

日本とアメリカには、そもそも戦争をしなければならない必然性はありませんでした。

「日露戦争の終結の仲介をしてくれたのはアメリカだった」と学校の歴史では習います。時の米大統領セオドア・ルーズベルトが間に入って、アメリカ・ニューハンプシャー州のポーツマスで講和条約（1905年）が結ばれました。

ところが、その直後から、アメリカの対日観は悪化していくことになるのです。「オ

レンジプラン」という言葉を知っていますか?

――え〜と、オレンジプランとは……

日本との戦争計画です。アメリカは、仮想敵国を色で分け、それぞれの国との戦争計画を立てていました。日本はオレンジ色だったので、対日計画はオレンジプランと呼ばれたのです。

そして、アメリカがオレンジプランの作成に着手したのは、未だポーツマス条約の署名のインクも乾かない、1907年のことでした。

――ポーツマス条約のときには、日米は友好国だったはずです。日本が敵国扱いをされるような出来事があったのでしょうか?

「アメリカが、突然、日本に対する態度を硬化させた」とは私は考えていません。日露戦争終結を仲介したのも「国益」、つまり「アメリカの利益」に基づいた判断だったのでしょう。

確かに当時のアメリカは日本に好意的でしたが、それは、アメリカが日本を好いていたとか、日本はかけがえのない友好国だと考えていたからではないのです。

19世紀にイギリスの首相を務めたパーマストン子爵は、「永遠の友好国も、永遠の敵国もいない。永遠にあるのは、国益のみだ」との名言を残しましたが、国際関係を見る場合、つねに念頭に置いておくべき教訓です。

日本は、どのようにアメリカの仮想敵国となり、どのように戦争をしなければならないほど関係が悪化したのか……。

それを知るには、やはり、第一次大戦中の1917年に起こった「ロシア革命とは何だったのか」を知る必要があります。ロシアという国が問題なのではありません。〝共産主義〟という思想がキーポイントです。

ロシア革命を応援したアメリカの金融資本家

ところで、アメリカという国にはどんなイメージがありますか？

――**努力すれば成功する「アメリカンドリームの国」**。**そして、自由を大切にする「民主主義の国」というイメージが強いです**

なるほど。しかし、このレベルの理解では、当時、アメリカが何を考えていたのかということはわかりません。

アメリカは、自由を守るために第一次大戦に参戦したわけでも、民主主義を守るために第二次大戦を戦ったわけでもないのです。

ロシア革命を主導したのは、レーニンやトロツキーです。革命には莫大な費用がかかります。彼らを資金的に支援したのは、欧米の国際金融資本家でした。

ヨーロッパはもちろん、アメリカの金融資本家もまた、盛んにロシア革命に投資しました。日露戦争のときに国債を買ってくれたアメリカの銀行家ヤコブ・シフも、ロシア革命に資金を供給した金融資本家のひとりです。

国際金融勢力はロシア革命を直接援助していました。そして、彼らの影響下にあったウィルソン大統領もロシア革命を支持したのです。

——それは、さすがに変ですね。なぜ、資本主義で民主主義の国であるアメリカが共産主義の革命を応援するのですか？

いいところに気がつきました。そこが重要なポイントです。自由資本主義の国アメリカが、なぜ資本家を否定し、国民の自由を抑圧する共産主義国家ソ連を支持したのか？

「ロシア革命の情報が十分ではなく、専制体制を倒した民主主義革命だと誤解したから」という人がいます。でも、これは、つじつま合わせに過ぎません。

偶然の間違いといった生やさしいものではなく、「世界共産化の第一歩としてソ連を利用しようと考えていた人たちがアメリカ国内にいた」ということなのです。

先に述べたウッドロウ・ウィルソンという大統領は知っていますね。

――はい。第28代のアメリカ大統領です

民族自決の原則を発表したり、国際連盟の結成を提唱したり、特に第一次大戦後の世界秩序に高い理想を掲げたことで知られている、というふうに習います。ノーベル平和賞も受賞しています。

当時、ロシア革命を賛美したのが、このウィルソン大統領でした。

ウィルソン大統領の側近たち

ウィルソン大統領は「素晴らしい民主主義国家が誕生した」として、ロシア革命を賛美しました。

帝政（ロマノフ王朝）は倒され、原則として議会制になりましたから、体制としてはレーニンが立てた革命政権も民主主義だと強弁できるのです。ウィルソンはレーニンに、一億ドルの援助さえ行っていました。

――革命で帝政が倒されたというところに意味があったのでは？

それが、そう簡単な話ではありません。国際金融資本家と一緒に、ロシアを応援する人間が、ウィルソン大統領の政権の中にいたのです。

たとえば、側近中の側近、エドワード・アンデル・ハウス（通称「ハウス大佐」）です。ロシアに関する情報は、すべてハウス大佐を経由してウィルソン大統領に伝えられていました。

ハウス大佐は、国際金融勢力の代理人としてウィルソン大統領を牛耳っていたのです。国際金融界の大物・ロスチャイルド家との関係は父親の代以来のものでした。

他に、ジャーナリズムの世界からはピューリッツアー賞を二度も受賞したウォルター・リップマン、経済界からは戦時産業局長官を務めることにもなる投資家のバーナード・バルークといった、いずれも国際金融勢力に与《くみ》する人々が側近としてウィルソン大統領の周囲を固めていました。

「キングメーカー」という言葉は聞いたことがあるでしょう。大統領をはじめ、政治権力者の人選を左右する実力を持つ人。言ってしまえば、影の支配者ですね。裏で政治を動かす人々のことです。

バルークはまさに、キングメーカーのひとりでした。ウォール街の実力者です。そしてハウス大佐は、国際金融勢力をはじめとするキングメーカーとウィルソン大統領との間の〝忠実な橋渡し役〟でした。

「共産主義」と「社会主義」の本質はグローバリズム

ハウス大佐は、キングメーカーの意向をウィルソン大統領に伝える役目の人間です。ウィルソン大統領は、キングメーカーに言われたとおりの政治を行う人物と考えて間違いありません。

そして、もうひとつ、当時のアメリカを考える上でとても重要なポイントがあります。「ハウス大佐は社会主義者だった」ということです。

――自由の国アメリカなのに、社会主義ですか？

ハウス大佐は、ロシア革命が起こる前、1912年に『統治者フィリップ・ドゥルー』という小説を書いています。ユースタス・マリンズという、1990年代に盛んに著書を出版したアメリカの著名な政治学者がいるのですが、マリンズはこの小説を、「カール・マルクスによって描かれた社会主義の実現を目指したものである」と評論しています。

そんなハウス大佐は、アメリカの金融勢力を代表する「シフ家」「ウォーバーグ家」「カーン家」「ロックフェラー家」「モルガン家」といった国際的な資本家たちの間に、厚い信頼がありました。

――まったく、わかりません。国際金融資本家たちは、資本主義に代表されるような自由な経済の体制があってはじめて商売になるのではないのですか？

当然の疑問ですね。よく聞いてください。

まず、大資本家のビジネスは、国境を越えて展開します。世界全体が相手だからです。

そして、「利益になるなら、アメリカという国など別にどうなろうとかまわない」という真意がある。たまたまアメリカに居続けているけれど、アメリカの国益を考えて行動しているわけではないのです。つまり、「アメリカ人」という意識はないと言ってもいいでしょう。この差が、私たちのアメリカ理解を困難にしている最大の要因です。当然、彼らはビジネスに対する国家の介入を極端に嫌います。

さて、社会主義者の一番の特徴は何でしょうか。それは、「国際主義者」（グローバリスト）であるということです。国際主義（グローバリズム）とは、自らの思想や考え方を国家の上に置くイデオロギーです。

――「国家の上」とは、どういう意味でしょう？

乱暴な言い方をすれば、「国なんてどうでもいい」という考え方です。

両者はとてもよく似ています。国際金融資本家がロシア革命を支援したのは、革命の思想が共産主義だったからです。共産主義と社会主義とは、学問的には意味が異なりますが、その本質は「国際主義」、つまり「グローバリズム」です。

ここを押さえておかないと、今日の国際情勢は理解できません。現在の国際社会の基本構造は、ロシア革命にはじまっているわけです。

先ほどのウィルソン大統領は、自身が共産主義者だったのではなく、側近や背後にいたキングメーカーたちが、共産主義を支持していたグローバリストだったということです。

アメリカは反共産主義であるはずだと無邪気に思い込んでいた日本は、容共《ようきょう》の（共産主義を容認する）アメリカに翻弄されていくことになります。特に、シベリア出兵という出来事を見てみると、当時の日本とアメリカの関係が浮かび上がってきます。

「シベリア出兵」の意味とは？

1918年、ヨーロッパの各国がロシア革命に干渉する目的でシベリアに出兵しました。日本もそれに参加し、他国は1920年に撤退したのに日本は1922年まで干渉を続行。多大な戦費をかけたものの成果はなく、各国の不信まで招いた事件である――というのが、一般的な「シベリア出兵」についての説明です。

「革命軍に囚われたチェコ軍を救出するために行われた」というのですが、そもそもの発端は、革命の混乱に乗じてドイツ軍が、ウラジオストックに保管されていた大量の軍事物資を奪うのを防ぐためにイギリスが主導した出兵です。

その後、枢軸国のオーストリア・ハンガリー帝国軍として対ロシア戦線に派遣されていたチェコ軍が寝返って連合国側につき、ロシア軍と戦いをはじめました。そして、シベリアでロシア革命軍に囚われたのです。これらチェコ軍を救済するために、連合国によりシベリア出兵が行われたわけです。

当時、日英同盟が結ばれていましたから、それで日本も参加することになりました。

――アメリカは「シベリア出兵」について、どう考えていたのですか?

ウィルソン大統領はロシア革命政府に対する一切の干渉に反対しました。特に、日本軍が単独で出兵することに大反対でした。

そこに、チェコ軍孤立という問題が起こって、いわばこの問題を口実に、アメリカは軍派遣を承認して日米を含む連合軍の共同出兵ということになったわけです。

現場で、日米の考えの違いが明らかになります。日本は、ロシアの共産主義を危険思想と認識していて、共産主義政権の勢力拡大は阻止されなければならないと考えていました。

ここで、日本はシベリア出兵に消極的であったことに触れておきましょう。この点は、「戦争のドサクサに紛れて、領土拡張のために出兵した」との根拠なき教科書的非難を論破するうえで極めて重要です。イギリスは日英同盟にもとづき、日本に対してシベリアへの派兵を要請してきました。これに対し、日本は次のように答えています。

「日本は常に連合国共同目的のために貢献を行う用意があるが、それは全部の連合国の全幅の支持に依存する。故に日本は米国と他の連合国間の了解が成立するまでいかなる行動をとることも差し控える」（中村粲《あきら》『大東亜戦争への道』展転社、1990年）

つまり、日本は「当時、派兵に慎重だったアメリカが参加して、全連合国の一致した意思が確認されたら出兵する」と表明したのです。当時、日本はそういう毅然とした国だったのです。

日本は、共産主義を危険視していた一方、アメリカは違いました。先にお話ししたとおり、ロシア共産主義政権は帝政を倒した民主主義政権だと見なしていました。アメリカは、共産主義政権を守るために出兵した――。アメリカのみ他の出兵連合国とは真逆の意図をもっていたのです。

そして、アメリカは連合国の中で最初に、1920年1月に突然、撤兵しています。政権内部には、たとえばロバート・ランシング国務長官のようにロシア革命政府に懐疑的な閣僚も、いたにはいました。しかし、ウィルソン大統領のバックはロシア革命の支援者です。

革命政府を存続させることがアメリカの目的でしたから、それが確かなことになれば、もうシベリアにいる必要はありません。シベリア出兵問題は、アメリカのロシア革命政権友援を、世界に対し明確にした歴史的な事件と言えるのです。

——日本はその後、１９２２年まで出兵を続行しています。なぜですか？

シベリア出兵は、第一次大戦の最中に起きています。当時の日本については、歴史の教科書など一般的なところではこう評価されています。「第一次大戦による欧米列強の東アジアからの後退は日本のあらたな対外進出の機会となった。日本はどさくさに紛れて参戦して勢力を拡大した」と。

シベリア出兵の続行も、「勢力拡大の一貫だった」と歴史の授業では教えています。

事実は、違います。邦人虐殺事件の解決のために撤兵が遅れたのです。

ニコラエフスク（尼港《にこう》）という街に多くの邦人居留民と守備隊が駐在していました。連合軍がニコラエフスクから撤兵すると、ロシア人、朝鮮人、中国人からなる約４千人の共産パルチザン（非正規軍）が突入して町を占領し、無差別殺戮《さつりく》を行いました（尼港事件)。その結果、1万2千人の人口が半減し、日本人740人が虐殺されたのです。

外国での居留民の保護は国の義務です。「同様の虐殺事件を防止するために、日本は撤兵を遅らせざるを得なかった」というのが真相です。

日本が撤兵したのは10月。その年の12月に、「ソビエト社会主義共和国連邦」の樹立が宣言されました。〝ソ連〟の登場ですね。結論から先に言えば、ウィルソン大統領からルーズベルト大統領に至るアメリカは、ソ連の友好国だったのです。

歴史の逆説と言えるかもしれません。そして、当時の日本も、この状態を理解できなかったのです。のちに起こる、満洲や中国大陸をめぐるアメリカとの摩擦を解決できなかったのは、「アメリカがソ連の友好国であったこと」を見抜けなかったことが理由です。

3限目 過去

国際連盟から第二次大戦までの日本と米中露の関係

「グローバリズム思想」から生まれた国際連盟

前回の授業でお話しした「ロシア革命」以降、世界の秩序は大きく変わりました。それが現在の国際社会にも多大な影響を与えている〝グローバリズム〟です。

国際連盟は「史上初の国際平和機構である」と歴史の授業などでは教わりますね。1919年1月に第一次大戦の講和会議がパリで行われて、そのときに発足が決定されました。アメリカ、イギリス、フランス、イタリアと並ぶ五大国の一つとして、日本はこの講和会議に参加しています。当時の日本の国際的な地位がよくわかると思います。

――国際連盟は「国際平和機構」とのことですが、具体的に何を意味しているでしょうか？

まず、国際連盟の表の意義は、「従来の二国間同盟に基づく安全保障体制」を「集団的安全保障」のシステムに移行する――ということにあります。

「従来の二国間同盟」とは、いわゆる「バランス・オブ・パワー」と呼ばれる考え方で、〝現実主義的〟な態度です。長年にわたって築き上げたヨーロッパの政治的知恵でした。

これに対して、国際連盟の設立による「集団的安全保障体制」は、国際社会全体で加盟国の安全を保証するという〝理想主義的〟な態度です。加盟国が侵略された場合には、国際連盟加盟国全員が守るという建前です。

「集団的安全保障」の考え方は、現在の国際連合が採用している体制と同じです。問題は、「この体制が何を引き起こすか」ということです。

国際連盟に加盟するということは、「加盟各国が国家紛争解決の当事者としての主権の一部を国際連盟に移管する」ことでした。国際連盟の画期的な意義はこの点です。つまり、国際連盟は、国家に干渉できる権力を持った機関として誕生したのです。

これはグローバリズムの考え方です。「特定の勢力の思想や考え方を国家の上に置くイデオロギー」に他ならず、国家の権力に干渉できる権力を持った機関をつくるという発想は、国家の論理に縛られない〝国際主義思想〟の表れです。

国際連盟を提唱したのはウィルソン米大統領ですが、彼一人の考えではなく、側近のハウス大佐をはじめとする国際主義勢力の構想でした。先に出たバルークは、パリでの講和会議に、ウィルソン大統領の経済顧問として参加しています。

国際連盟の本質は、思想的に〝国境意識〟を弱める試みでした。世界平和という大義に反対する人はどこにもいません。現在の日本人が国連（国際連合）を厚く信奉しているのとまったく同じことで、平和の名のもとに世界は洗脳されました。「国家意識」や「民族意識」よりも、国際主義者、つまりグローバリスト的思考を世界に拡大するという魂胆が国際連盟には隠されていたわけです。


――平和が維持されるなら、それでもいいのでは……？


そうでしょうか、平和は維持されたでしょうか。

国際連盟の発足を含むウィルソン大統領の「十四か条の平和原則」には、有名な「民族自決の原則」が書かれていました。民族自決で誕生した諸国は、国際連盟の加盟国になっていったわけですが、これら中小国に対しては大国と同等の発言権が与えられました。

これが、国際紛争解決の障害となっていったのです。特に、後に起こる満洲事変や支那事変の解決策をめぐって、日本および中国（支那）に直接利害関係のない小国による口先介入は深刻な事態を生みました。国際連盟は連盟精神の名のもとで中小国の意見に引きずられ、支那の支持に回りました。日支間での解決を不可能にしたのはこれが理由です。

紛争当事国の弱者側（この場合は、支那）に正当な理由もなく味方することは、弱者側に妥協への意欲を失わせ、紛争を長引かせるだけです。これは歴史が教えていることです。

──「民族自決」が政治目的に利用されてしまった？

ウィルソンの「民族自決」は枢軸国の支配下にあった地域にのみ適用され、欧米諸国の植民地には適用されなかったのです。当然のことですが、独立した東欧諸国は恩があるウィルソンのアメリカの意向に従うことになりました。

ところが、民族自決は、共産革命によって登場したソ連からすれば、「民族解放」という言葉になります。

レーニンは、世界同時共産革命を目指す「コミンテルン」という国際組織を1919年に設立していました。「民族解放」は、ソ連とコミンテルンが世界に革命を起こすために唱えた「暴力革命思想」でした。

ウィルソン大統領の民族自決原則とコミンテルンの民族解放闘争が同時期に出現し

たのは偶然ではありません。当時のグローバリストたちによって、世界に混乱をもたらすための手段として使われることになったのです。

「ワシントン会議」の策略

自ら提唱した国際連盟に、アメリカは結局加盟しませんでした。議会上院で共和党の反対などもあって、ヴェルサイユ条約の批准に必要な3分の2の多数を獲得できなかったからです。

アメリカには伝統的に「モンロー主義」という外交の原則があって、外国（特にヨーロッパ）の紛争に巻き込まれるような政策は避けてきたからだ——と言われています。しかし、国際連盟に加盟しなければ、ウィルソン大統領をバックアップするグローバリストたちの世界戦略は実現できません。

そこで開催されたのが、1921年の「ワシントン会議」です。招集したのは、時のアメリカ大統領、共和党のウォレン・ハーディングでした。

別名、「ワシントン海軍軍縮会議」ですね。主力艦の比率が「アメリカ：5」「イギリス：5」「日本：3」「フランス：1・75」「イタリア：1・75」に制限されました。軍拡競争で、各国の経済が圧迫されていたため、と言われています。

軍縮は、支配領域が広ければ広いほど痛手になります。日本の場合は、イギリスと違って西太平洋地域に限られていましたから、この比率はさほど痛手にはなりませんでした。

それよりも、日本の痛手になったのは、「日英同盟の終了」と「九カ国条約の締結」です。つまり、アメリカの狙いはここにありました。

――当時のアメリカはどんな状況だったのでしょうか？

満洲進出を狙っていました。日露戦争でロシアから割譲された南満洲鉄道の中立化を提案していましたが、日英同盟が邪魔していました。アメリカの対外戦略を進める上で、日英同盟の存在はまさしく「目の上のたんこぶ」だったのです。

当初はイギリスも日英同盟の終了には消極的でしたが、アメリカに押し切られてしまいました。日英同盟に代わる枠組として、太平洋方面の国際秩序に関する米英日仏の「四カ国条約」が結ばれました。その第四条で「日英同盟の終了」が謳《うた》われたのです。四カ国条約はこの地域での紛争を解決するためにお互いに協力するという建前が述べられているのみで、具体性もなく、何の意味もない条約でした。

日本にとって日英同盟は、生命線でした。日英同盟は「一対一の戦争の場合は中立、一対複数の場合に参戦」という条約で、抑止力として強い効果がありました。日露戦争のときに、ロシアと同盟を結んでいたフランスが参戦しなかったのは、この抑止力が働いたからです。

そしてまた、日英同盟は日本にとって、五大国中の一国としての国際的地位を担保するものでもありました。


――なるほど、日英同盟の消滅は、日本の国際的な位置づけにきわめて大きな変化を及ぼしたわけですね。ところで「九カ国条約」の意義は？


「九カ国条約」は、日米英仏伊の五大国に加えて、中国（支那）、ベルギー、オランダ、ポルトガルの間で結ばれた条約で、「中国に関する」条約です。中国の「主権」「独立」「領土保全の尊重」「門戸開放」「機会均等主義」の遵守が書かれていましたが、重要な意味を持つのは次の条文です。

「友好国国民の権利を損なう特権を求めるため支那の情勢を利用したり、友好国の安寧を害する行動をしないこと」（第一条第四項）

「支那における門戸開放または機会均等主義を有効ならしむため、支那以外の締約国は支那における経済的優越権を設定せず、他国の権利を奪うが如き独占権を認めない」(第三条)

既存の権益を守るために行う行為は、「侵略」ではなく「防衛」です。しかし、たとえ防衛のために日本が行ったものでも、九カ国条約違反として国際的に非難される口実が、これをもってできあがりました。アメリカは、九カ国条約を大いに利用したのです。

ヘンリー・スティムソンという人物がいました。ハーバート・フーヴァー大統領の政権で国務長官、フランクリン・ルーズベルト大統領の政権で陸軍長官を務めました。

スティムソンが一貫して取り続けた反日姿勢は「スティムソン・ドクトリン」と呼ばれています。たとえば、1931年の満洲事変は九カ国条約違反だとして、満洲の日本の行動を承認せず、事変の解決をいたずらに遅らせました。何のためかと言えば、紛争を続けさせ、戦争へ発展させるためです。

現代アメリカの有名な政治コメンテーターにパトリック・ブキャナンという人がいますが、ブキャナンはスティムソンを指して、「平和のためにつねに戦争を辞さない平和主義者」「恒久平和のための永久戦争の信奉者」と言っています。

――「九カ国条約」には、ソ連が入っていません！

いいところに気がつきましたね。九カ国条約に参加していないということは、ソ連は、中国（支那）、満洲、外蒙古において自由に行動できるということです。

アメリカは、ソ連の侵略行動を是認していました。たとえば、1921年にソ連の外蒙古侵攻がはじまりますが、アメリカは一切、批判も抗議も行っていません。

アメリカは、自らが生んだソ連共産主義政権を守護しました。アメリカの世界戦略の一端をソ連に担わせるためです。

ニューディールは世界を社会主義化するための実験!?

日本とアメリカが戦争した当時のアメリカの大統領は、フランクリン・ルーズベルトです。1933年に就任して、1945年（終戦前）の4月12日に死去。副大統領だったハリー・S・トルーマンが後継しています。

ルーズベルトと言えば、ニューディール政策で有名ですね。ニューディール政策は、

です。1929年に世界恐慌が起こって荒廃したアメリカ経済を建て直すために行った政策

——そもそも世界恐慌はどうして起こったのでしょうか？

アメリカの金融を握った国際銀行家が意図的に株を暴落させたから起きた恐慌でした。ウィルソン大統領によって1913年、中央銀行制度の最高意思決定機関「FRB」（連邦準備制度理事会）が創設されますが、FRBは、100パーセント国際金融家が株主で、彼らに牛耳られていました。

世界恐慌で倒産した企業は、超安価で国際銀行家に買い占められました。ルーズベルト大統領は、こういった人々をキングメーカーとして登場した大統領だということを、まず押さえておきましょう。

ウィルソン大統領と同じです。ルーズベルト大統領の側近は、ウィルソン政権と同様、社会主義者で固められていました。ルーズベルトは、彼らにとってとても望ましい「国際主義者」だったのです。

オクシデンタル石油の経営者として有名なアマンド・ハマーは、ルーズベルトを次のように評しています。

「彼はアメリカの政治体制を熱烈に擁護したが、同時に、アメリカの富が国民のためばかりでなく、全世界のために利用されるべきだと考えていた。そして、アメリカが全人類の進歩のために欠くことのできない存在であり、またそうなることが可能だと信じて疑わなかった。これこそ、あの雄弁と機知と魅力、そして思いやりをもって彼が提唱したニューディールの意義であり、推進力だったのである」（『ドクター・ハマー』広瀬隆・訳、ダイヤモンド社、1987年）

アメリカが全人類の進歩を可能にするといった一見素晴らしい主張のように聞こえますが、これはつまり、ニューディール政策とは、「アメリカ人の富を使って社会主義的政策を世界に広めていくという構想」だったということです。まさに、グローバリズムのイデオロギーそのものですね。

ニューディール政策は、その社会主義的傾向がアメリカ憲法に違反しているという趣旨で、最高裁まで争われ、いくつかは違憲判決が下されたほどです。

——アメリカ経済を社会主義化しようとしたのがニューディール政策だった!?

ルーズベルト政権は、世界最強の資本主義国家を社会主義化すべく実験を行いました。

この実験をもとに、「ニューディール政策を世界に拡大しようとしたのが、第二次世界大戦の目的だった」と私は考えています。

日中戦争は「日本」と「ソ連を含む、欧米列強」の戦い

世界社会主義化勢力は、昔もいまも、グローバリストで構成されます。彼らにとって当時、格好のターゲットとなったのが、中国（支那）と満洲でした。

二つ、具体的な戦術がありました。一つ目は、ソ連およびコミンテルンによる「共産主義の拡大・浸透」。二つ目は、アメリカとヨーロッパの金融資本家による「中国経済の奪取」です。この二つは、相通じています。

共産主義は、国家組織の廃止を旗印に掲げます。金融資本家の世界経済戦略には、ビジネス活動への国家の干渉の排除を追求する側面があります。ともに、国家組織の「廃止」と「排除」を目的とするわけですね。

では、その目的はどうすれば実現するでしょうか。「対外戦争」と「革命」です。戦争による国家内部の秩序崩壊が革命の土壌となり、共産主義と金融資本家にとって

多大な利益を生むのです。

まず、アメリカとヨーロッパの武器商人が中国を近代武装化しました。欧米各政府は、中国に借款まで供与しました。大量の兵器を買えるようにです。

日本と戦争をさせることが目的でした。戦争させ、中国国家内部の秩序を崩壊させる……。１９３７年に支那事変が起こり、日中戦争が始まったとされていますが、この一連の流れは、「日本」対「ソ連を含む、アメリカおよびヨーロッパ諸国」の戦いでした。ソ連、欧米諸国はグローバリストの影響下にあったからです。

「国家」という意識に乏しい中国の要人

ここで、日本と中国が戦争に至るまでの流れをまとめておきたいと思います。

先にお話ししたように、日清戦争は日本の勝利に終わり、「下関条約」という講和条約が交わされました。朝鮮は独立することになり、遼東半島、台湾、澎湖諸島などが日本に割譲されました。清はまた、沙市《さし》、重慶、蘇州、杭州を日本に開放していきます。

しかし、「これで日本は、ひと安心」とはなりません。ロシアがフランスとドイツに呼びかけて日清関係に干渉した結果（三国干渉）、遼東半島を清に返還させられます。遼東半島は後に、ロシアが清から租借することになりました。

下関条約調印時、清の全権は李鴻章でした。この李鴻章という人物が問題でした。李鴻章は、裏でロシアと秘密協定を結んでいて、満洲をロシアに売り渡していたのです。日本はその事実を、１９２１年のワシントン会議まで知りませんでした。情報力が十分でなく、見抜けなかったのです。日露戦争のとき、日本はそれを知らなかったことになります。

日露戦争で日本が勝利すると、南下進出していたロシアは満洲から北へ引き上げていきました。秘密協定を知らなかった日本は、これが何を意味するのか理解できませんでした。

——でも、おかしいですね。清はもともと満洲人がつくった国ですよね。自らのアイデンティティでもあるはずの満洲をなぜ売り渡したのですか？

私たちは、清と中国を同一視しがちです。確かに、清は満洲人が満洲から中原《ちゅうげん》に進出して広域を支配した国です。

しかし、李鴻章は満洲人ではなく、安徽省《あんきしょう》出身の漢人でした。清（満洲人）に支配された側の出身です。李鴻章は清を裏切り、自分の一存で満洲をロシアに売り渡していました。こんなところにも、中国人（漢人）の「国家」に対する考えが表れています。彼らにとっては、「国家」という意識はありません。だから痛痒《つうよう》を感じずに、「国家」を外国に売ることもできるわけです。

日露戦争で日本はロシアに勝ちました。日露戦争の時点ですでに満洲はロシアのものだったということになると、ロシアが引き上げた以上、満洲はそのまま日本の領土になるはずでした。

満洲を自治区とすべく工作していたソ連

1931年の満洲事変を経て、日本は1932年に満洲国を建国しました。満洲での権益をめぐる対立がアメリカとの間に生じ、問題解決のために派遣されたリットン調査団の報告を不服として、日本は国際連盟を脱退します。1934年にはワシントン海軍軍縮条約の破棄をアメリカへ通告するなど対米の対立を深めていきます。そして1937年、盧溝橋事件がきっかけとなって、日本は中国との全面的な戦争状態に入ります。

時系列としてはこのとおりなのですが、平均的で教科書的な表現では、「日本は、いつの間にか戦争に突入していった」という印象になってしまいますね。すでに何度もお話ししているように、戦争にはグローバリストの意図によってひき起こされるという側面がつねにあります。

――「満洲事変から日本の大陸侵略が始まった」と歴史教科書で習います

それは、終戦直後に行われた東京裁判の見解のひとつです。それらの見解に基づく歴史観を「東京裁判史観」と呼びます。これはまた、そのまま日本の教科書史観にもなっていて、現在に至るまで日本人の歴史認識を呪縛し続けています。

満洲事変には、ソ連共産党の工作の影がありました。満洲事変に至る前に張作霖《ちょうさくりん》爆殺事件が起こります。

満洲事変の3年前、1928年ですね。張作霖という、満洲の奉天《ほうてん》を本拠としていた軍閥の長がいました。日本は張作霖を後援して、蔣介石《しょうかいせき》率いる国民党軍の北進を牽制していたのです。

ところが張作霖は、国民党軍の北伐に敗れて北京から帰還する途中、関東軍参謀・河本大作らが首謀する工作によって奉天駅近くで列車を爆破され、死亡しました。これが満洲で関東軍が独走を始める第一歩となった、と説明されています。

日露戦争の時点で、李鴻章とロシアとの密約によって満洲はロシアの領土になっていたことはお話ししました。日本はそれを知らずに満洲を経営するようになったわけですが、ロシア革命によって誕生した共産主義国家・ソ連は、満洲を共産化しようとしていました。

張作霖は、そうしたソ連に反発して、ソ連を満洲から追い出すべく働いた人物です。満洲の共産化を防ぐという点で、日本は張作霖と利害が一致していたわけです。日本には、張作霖を爆殺する理由などありませんでした。

――おかしいですね。それではなぜ、日本軍は張作霖を爆殺したのですか?

「関東軍参謀・河本大作らが首謀した」というのは間違いです。首謀したのはソ連でした。ソ連の情報部が仕掛けた事件であることが、東西冷戦後に出てきたソ連側の資料で明らかになっています。

ソ連の狙いは、満洲を国内のユダヤ系住民の自治区としたかったのです。ソ連の共産化工作員は、満洲国誕生の以前から満洲に入り込んでいて、日本の影響力を排除するための挑発行為や日貨排斥運動などの扇動を行っていました。

無意味な戦争に引きずり込まれた日本

歴史教科書が注目しない事件が、じつは歴史の真実を知る上での鍵であることがしばしば見られます。日中戦争の真実を明らかにする上で決定的に重要なのが、1936年12月の「西安事件」です。

西安事件を機に、国民党の蔣介石が「共産党とともに日本と戦争すること」＝「国共合作」を約束させられ、国民政府の実権は国際金融資本家が握ることになります。

しかし、歴史教科書は西安事件を重視しません。その理由をこれからお話ししますので、日中戦争の不都合な真実をぜひ理解してください。

――日中戦争は、仕掛けられたということでしょうか？

アメリカの金融資本家とイギリスの金融資本家は、協調して中国の富を略奪しようとしていました。邪魔なのは日本です。ここに共産勢力がからみました。日本は対中和平の道を探り続け、共産勢力撲滅の道を探っていましたが、この「西安事件」ですべて失います。

蔣介石の配下にあった国民党の東北軍司令官・張学良《ちょうがくりょう》（張作霖の息子）が、対共産党作戦の打ち合わせと称して蔣介石を西安に呼び出し、監禁。蔣介石は、「共産党とともに日本と戦争すること」つまり国共合作を約束させられて解放。これが西安事件の概要です。

張学良は共産主義者と交流を深め、「真の敵は日本である」と説いて回っていた人物です。張学良が毛沢東の共産軍に指導されていたのは間違いありません。そして、毛沢東は原則的にソ連の指令のもとで動いていました。西安事件は、毛沢東とソ連およびコミンテルンの合作でしょうね。

じつは、彼らの策謀であったことを、2001年に江沢民《こうたくみん》中国国家主席が証明してくれています。張学良はこの年にハワイで百歳の天寿をまっとうしたのですが、江沢民が遺族宛ての弔電の中で「張学良は偉大な愛国者、中華民族の永遠の功臣」などと極めて高い評価を行っているのです。

もうおわかりですね。張学良のおかげで、抗日統一戦線が成立し、蔣介石に延安まで追いつめられて壊滅寸前だった共産党は生き延びることができ、1949年の中華人民共和国成立のレールが敷かれたわけですから。ところが、もうひとり国際金融勢力という役者がいたのです。

――西安事件と国際金融勢力は、関係があったのですか？

西安には、毛沢東配下の周恩来、蔣介石夫人の宋美齢《そうびれい》らが集合しました。その中に、サッスーン財閥および英米金融資本家勢力の傀儡《かいらい》である、宋子文《そうしぶん》という実業家がいました。宋美齢の兄です。蔣介石に国共合作を約束させたのは宋子文でしょう。西安事件をきっかけに、蔣介石は実質トップの地位を失います。国民政府の実権は、宋子文と、その背後にいるサッスーン財閥に移っていくことになりました。

蔣介石が実権を失ったことは、日中和平の可能性が消滅したことを意味しました。国共合作は、共産勢力を撲滅して東アジアの赤化を防ぐことを不可能にしたのです。

その後、1937年7月の「盧溝橋事件」を発端に支那事変となり、「第二次上海事件」「南京攻略」と、日中の軍事衝突が続きます。これらを仕掛けたのは、国共合作となった中国です。対日抗戦を支援したのが、英米とソ連でした。

日本政府が持ちかける和平方針のことごとくは、名目上のトップ・蔣介石に拒否され続け、状況は泥沼化していきました。〝赤狩り〟で有名なアメリカのジョゼフ・マッカーシー上院議員は、「蒋介石にあくまで日本と戦い続けるように求めたのはアメリカだった」と認めています（『共産中国はアメリカがつくった』木原俊裕・訳、成甲書房、２００５年）。

このように、日中戦争の正体を理解することが、今日の日中関係を読み解くカギです。

真珠湾攻撃以前に、日本に宣戦布告していたアメリカ

次に、「なぜ日本とアメリカは戦ったのか」について考えてゆきたいと思います。まずは、「ＡＢＣＤ包囲網」についてです。

アメリカ＝America、イギリス＝Britain、中華民国＝China、オランダ＝Dutchが、共同で日本に対して経済封鎖を行いました。経済封鎖は宣戦布告に該当します。

これに追い詰められ、自衛のためにはじめたのが大東亜戦争、いわゆる太平洋戦争でした。

もうおわかりのように、先の大戦は自国を守る必要上、日本は立ち上がざるを得なかった自衛戦争です。

1941年12月8日の真珠湾攻撃によって日米は戦争状態に突入しました。表向きには、日本が奇襲をかけたということになっています。

――「真珠湾攻撃のあとに日本は宣戦布告した」と習ったような……

いいえ、正確には、日本政府は真珠湾攻撃の30分前に宣戦布告の通知を行うよう日本大使館に訓令していました。これが遅れたのは、日本大使館側の大失態です。

騙し討ちと言われても仕方がない、弁明できない失態です。しかし、アメリカや日本の学者があえて言い立てるほどの問題ではないと思います。

それは、アメリカが、すでに真珠湾攻撃以前に、日本に対して事実上の宣戦布告をしていたからです。

アメリカは1939年7月、日米通商航海条約の破棄を日本に通告しました。1941年8月、石油を全面禁輸しています。慣習国際法上、日米通商条約の破棄および石油の禁輸は、それ自体、宣戦布告行為と見なされます。騙し討ちだ、とアメリカが日本を非難したのは、開戦の責任を日本に負わせるための情報操作です。

――開戦責任はアメリカ側にあった!?

真珠湾攻撃のきっかけになったのは、1941年11月26日にアメリカから突きつけられた「ハル・ノート」だったとされています。中国からの全面撤退など、とうてい受け入れられない提案で、事実上の最後通牒でした。

戦後に公開された資料でわかったことですが、1940年10月7日に、海軍情報部極東課長のアーサー・マッカラム海軍少佐が「マッカラム覚書」と呼ばれている文書を作成しています。日本を対米戦争に導くための八項目からなる覚書です。

マッカラム覚書の時点で完全に、アメリカは、日本からのいかなる対米関係改善の提案についても聞く耳を持たない状態にありました。アメリカは日本との戦争を決めていたのです。

マッカラム覚書は、日米戦争が日本の自衛戦争だったことの証拠です。戦争をはじめたかったのは、明らかにアメリカ側です。対日戦争に慎重だったアメリカの世論から自らの日本挑発行為を隠すために、日本から仕掛けられた戦争だと偽装する必要がルーズベルト大統領にはあったのです。

「第二次世界大戦」の真相

第二次大戦は、教科書には「アメリカは民主主義を守るために第二次大戦を戦った」などと書かれているのではないでしょうか。

――アメリカなどの連合国は「ファシズムと戦った」と習いました

なるほど。しかし、「自由で民主的な連合国（米・英・仏など）が、ファシズム（全体主義）の枢軸国（日・独・伊）を倒した」という歴史観は正確ではありませんね。

ここまで私の授業を受けてきたみなさんはもうおわかりのことだと思いますが、第二次大戦は、「世界統一」を目論む国際金融資本家勢力が、共産主義を世界に拡大するために引き起こした戦争」です。だからこそ、資本主義国家の雄であるアメリカと資本主義を否定する共産主義国家ソ連が手を結んだのです。言い換えれば、ソ連は国際金融資本家勢力の世界戦略を遂行する上での駒であったということも可能でしょう。

さらに言えば、ナチスドイツのアドルフ・ヒトラーも彼らに利用されたのです（この辺の事情を詳しく説明する紙面の余裕がないのが残念ですが、関心のある読者は巻末に挙げた参考図書に当たってみてください)。

このような戦争誘発が可能だったのは、アメリカのルーズベルト大統領とイギリスのチャーチル首相を背後から操っていたのが、国際金融勢力が送り込んだ共産主義者の側近たちでした。わが国も彼らの犠牲者であったことは、前述したとおりです。だからこそ、のちに述べるように、ヤルタ会談であたかもソ連が一人勝ちしたと映るような結果になったのです。

しかし、この事実を知られることを恐れる国際金融資本家は、第二次大戦の表向きの大義を「民主主義」対「ファシズム」の戦いと吹聴し、自己正当化に努めたというわけです。彼らの影響下にある世界の教科書もこの欺瞞を書き続けているのです。

このような第二次大戦の真の目的から考えますと、戦後ソ連が勢力を拡大したわけがよく理解できるはずです。ソ連が強かったのではなく、ソ連は国際金融資本家によってアメリカと並ぶ超大国に仕立て上げられたのです。これが、次章で述べる「東西冷戦」の真相です。

ロシアにおいては共産主義革命によって、グローバリストの試みは成功しました。

しかし世界支配のためにはソ連の誕生だけでは不十分で、次に中国を共産化するべく、ソ連を南下させようとしました。

これが共産主義者たちのアジア戦略で、日本はそれに敢然と立ちはだかっていった、というのが当時のアジアの構図です。ヨーロッパでは、ソ連の西側国境に接する東欧が共産化のターゲットとなったのです。

連合国の勝利がすでに見えていた1944年から翌年にかけて、アメリカのルーズベルト大統領、ソ連のスターリン首相、イギリスのチャーチル首相の三巨頭が戦後処理について頻繁に交渉を行います。言ってしまえば、「縄張り決定会議」です。

その中でも、1945年2月のクリミヤのヤルタで開催されたヤルタ会談が決定的に重要です。この会談は、「スターリンの一人勝ちだった」とよく言われます。

ヤルタ協定に従い、ラトビア、エストニア、リトアニアはソ連の支配下に組み込まれ、ポーランド、ルーマニア、ブルガリア、ハンガリー、アルバニア、チェコスロバキア、東ドイツなど東欧諸国は次々と共産化していきます。

その後、アジアにおいても、中国、北朝鮮、北ベトナムに共産主義政権が誕生し、ベトナム戦争後は南ベトナムが北ベトナムに吸収され、カンボジア、ラオスが共産化します。

アメリカとイギリスは戦勝国でした。しかし、戦前に影響力の下にあった国々の多くが共産圏へと組み込まれていったのです。

――「米英はスターリンに騙された」という話を聞いたことがありますが……

それはまったく間違っています。ヤルタ会談のような一方的な結果を見るときには、騙されたり見逃がしたりしたわけでなく、どこか「裏」からの指示に従わざるを得ない事情があったと考えるのが常識というものです。

それを示す、チャーチルに関する少々衝撃的なエピソードが、『私は、スターリンの通訳だった。――第二次世界大戦秘話』（ワレンチン・M・ベレズホフ著、栗山洋児・訳、同朋舎出版、1995年）に紹介されています。

ヤルタ会談の4カ月ほど前、モスクワでスターリンとチャーチルが会談しました。主な議題は、ポーランドなど東欧諸国の戦後処理です。

この会議の席でチャーチルは、胸ポケットから紙切れを取り出し、「つまらんものですが、私はここに、ロンドンの特定の人間の考えを示す紙切れを持参しています」とスターリンに差し出したのですが、その紙切れには「東欧やギリシャの中でどの国を、連合国側のどの国がどれくらいの割合で支配するか」ということが書かれていたのです。

注目しなければいけないのは、「ロンドンの特定の人間」という言葉です。誰のことでしょうか。ロンドン・シティの国際金融資本家であり、ロスチャイルド家であり、当時のロスチャイルド家当主ヴィクター・ロスチャイルドのことに違いありません。

なお、チャーチル首相は自伝の中で「このペーパーは自分で書いた」と述べていますが、これが正しくないことはルーズベルト大統領が、大統領選挙中のためこの会談に参加していなかった事実から明らかです。ルーズベルト抜きで、チャーチルが独断で戦後処理を提案できるはずがないわけですから。

ルーズベルトがいなくても決定できる真の支配者、つまり国際金融資本家の棟梁こそ可能なわけですね。

第二次大戦の戦後処理の大枠は、ルーズベルトやスターリンやチャーチルといった国家の指導者ではなく、ロンドンの銀行家が決めていたのです。第二次大戦が国際主義者グループのための戦争だったことが、ここからもわかります。

日本に対するソ連の早期参戦を促し、降伏条件を話し合ったポツダム会談も、三国の首脳メンバーで行われるんですね。このとき、アメリカの大統領はトルーマン、イギリスの首相は後半からは労働党のクレメント・アトリーに代わっていました。

会期中の7月26日に日本に対する降伏勧告「ポツダム宣言」が発出され、日本は8月14日に受諾し、9月2日に降伏文書に調印して大東亜戦争を終えました。そして、「戦後」と呼ばれる時代がはじまるのです。

4限目　過去

終戦からトランプ登場までの日本と米中露の関係

「東西冷戦」とは何だったのか

第二次大戦後の日本を取り巻く国際情勢を理解する上で、前提となるのは「東西冷戦」の真相です。歴史教科書などでは、第二次大戦後超大国になったソ連に脅威を感じたアメリカが、ソ連と全面的に対決する東西冷戦構造をつくり上げたと習いますね。しかし、そうではありません。大戦終了時点で、アメリカは世界のGDPの半分を占める唯一の超大国でした。一方、ソ連はアメリカの武器援助や資金援助でなんとかヒトラーの進撃を撃退し、東ドイツまでの東欧諸国を勢力下に置くことができましたが、戦後もアメリカの支援なくしては国家の運営が成り立たない状況にあったのです。

そのようなソ連が、アメリカと並ぶ超大国であるはずがありません。ソ連はアメリカ（国際金融資本家）によって、超大国であると偽装され、いわゆる東側陣営のリーダーとされたわけです。アメリカは、原爆技術などの先端技術を意図的にソ連に提供して、超大国に育ててきました。東西冷戦が捏造された構造であったことは、のちの朝鮮戦争やベトナム戦争、キューバ危機などを検証すれば明らかになります。

――「朝鮮戦争」は北朝鮮が韓国に侵攻したと習いましたが……

表向きはそうですが、実態は北朝鮮に韓国侵攻の餌を蒔いたのは、じつはアメリカなのです。1950年1月に、アメリカのディーン・アチソン国務長官は「韓国はアメリカの防衛線の外にある」と演説しました。おわかりのように、北朝鮮が韓国に侵攻してもアメリカは介入しないということを世界に明らかにしたのです。

これを聞いた北朝鮮が6月25日に38度線を越えて韓国に侵攻しました。韓国軍は総崩れになったのですが、この段階になって国連軍が韓国側に立って参戦します。国連軍の主力はアメリカ軍で、司令官はGHQ（連合国軍最高司令官総司令部）総司令官のダグラス・マッカーサーでした。

マッカーサー麾下《きか》の国連軍は北朝鮮の首都平壌を落とし、中国との国境まで迫りましたが、ここに中共義勇軍が参戦して一進一退を続け、1953年7月に38度線を境に休戦協定が締結されました。これが朝鮮戦争の概要ですが、何か気づいたことはありますか？

――アメリカではなく国連軍が介入したということですが、国連軍はどのようにして編成されたのですか？

重要な質問ですね。国連軍は安全保障理事会で拒否権を持っている常任理事国（5大国）の一国でも反対すれば編成できません。5大国には北朝鮮の同盟国ソ連が入っています。ところが、ソ連は安保理に欠席したのです。だから、国連軍が編成されたのです。おかしいですね。なぜ、ソ連は欠席したのでしょうか。

もし、ソ連もアメリカを支配している国際金融勢力の仲間であるとしたら、その疑問は氷解しますね。つまり、**ソ連はアメリカに協力して、北朝鮮を裏切ったわけです。**この事実を知るだけで、今日の北朝鮮情勢を見抜くことが可能になります。

ところで、中共義勇軍が介入した結果、マッカーサー国連軍が38度線まで後退させられたのはなぜでしょうか。単に、中共軍が強かったためではないのです。マッカーサーが回顧録などで明らかにしているように、国連軍（アメリカ軍）は中共軍に勝つための作戦をことごとくアメリカ政府に拒否されたのです。

なぜ、アメリカ政府は自国兵士を見殺しにするような戦争指導を行ったのでしょうか。この理由ももうおわかりですね。アメリカ政府は自国兵士を犠牲にして、中共軍に勝たせたのです。彼らが建国した中共を育てるためでした。ソ連を育てたのと同じやり方です。

ベトナム戦争も同じ構図です。アメリカは北ベトナムの同盟国ソ連に戦争中に300億ドルの融資を行っています。ソ連はこの資金を使ってアメリカから戦略物資を購入し、北ベトナムに送っていました。アメリカは自国兵士を犠牲にして敵に武器を支援していたのです。

1962年のキューバ危機とは、「ジョン・F・ケネディ大統領が、ソ連がミサイル基地を建設しているキューバを海上封鎖することによって、ソ連のミサイル基地建設を放棄させた事件」でした。ニキータ・フルシチョフ首相のソ連は、アメリカの実力の前に、あえなく敗北したのです。

かくして、アメリカと並ぶ超大国ソ連の脆弱な実態がばれてしまったのです。2年後、フルシチョフは解任されますが、ケネディ大統領もその一年前に暗殺されています。

以上の事例からだけでも、東西冷戦は国際金融勢力がつくり上げた偽装の体制であったことがおわかりいただけると思います。

ではこれから、わが国の戦後を見てゆきます。

原爆投下の復讐を恐れるアメリカ

これより第二次大戦が終わったあとの日本とアメリカの関係を中心に、中国とロシア、現在の東アジア情勢につながる問題を紐解《ひも》いていきましょう。

まず、先の大戦後の「日米関係」を論じるにあたって第一に留意しておくべきことは、アメリカの日本に対する〝恐怖心〟です。

戦後の日本の統治にあたったのが、ＧＨＱです。「連合国軍」とありますが、ＧＨＱは事実上、アメリカ一国による占領軍組織でした。アメリカの最大の目的は、「日本が強力な国家として再生することの阻止」です。ＧＨＱはそのための施策を実施していきました。

アメリカは、「日本が強国だった背景には、強いナショナリズムと民族団結力がある」と考えました。そこで、その基盤である日本の歴史、文化、慣習、伝統などを封建的で遅れたものであるとして否定する世論工作や教育を展開して、その代わりに自由主義や個人主義を持ち込みました。日本人としてのアイデンティティを破壊して、そこにできた精神的空白に「リベラリズム」を植えつける作戦です。

――同じく敗戦国であるドイツにも、そうしたことは行われたのでしょうか？

ドイツに対して、連合国側はこのような政策は行っていません。

日本を精神的に立ち直れない国にしなければならないとアメリカが考えた最大の理由は、アメリカが広島・長崎に投下した原爆です。そして、「日本人に復讐されるかもしれない」という恐怖心です。

20世紀が終わる1999年の暮れに、アメリカのAP通信社が「20世紀の世界20大ニュース」を発表しました。トップは広島・長崎への原爆投下でした。広島・長崎への原爆投下は決して正当化できるものではないということがわかっているからこそのトップ扱いです。

原爆投下の不当性を明確に述べたのが、第31代米大統領のハーバート・フーヴァーです。フーヴァーは回顧録の中で「原爆投下はアメリカ史上前代未聞の残虐行為であった。これはアメリカ人の良心を永遠に苛むことになろう」とトルーマン大統領の投下決定を激しく非難しています。

この良心の呵責《かしゃく》の念が、「日本は原爆投下の復讐をする可能性があるから注意しろ」

「日本に相応の軍事力、特に核兵器を持たせてはいけない」という政治的な恐怖感に転化していると言えるわけです。

現在にも残る、ＧＨＱが推進した精神劣化政策

「自由主義」などと訳されている「リベラリズム」が、先進的思想としてＧＨＱの手で大いに宣伝されました。アメリカは、日本は封建体制を早く脱して民主化される必要があるとの大義の下に、精神劣化政策に務めたのです。

リベラリズムは「自由主義」と訳されるから、人類の進歩を示す普遍的な思想のように誤解されるのです。リベラリズムの正体は、無国籍化を目指す思想であり、「国際主義」と同義の思想です。

また、リベラリズムは「社会主義」を言い換えた思想でもありました。この重要な事実が隠されていたのです。

再度強調しますが、「リベラリズム」＝「国際主義」＝「社会主義」です。つまり、リベラリズムとは「国境をなくすイデオロギー」なのです。

――えっ！ 頭が混乱してきました。リベラリズムが社会主義と同じとは。学校ではまったく習いませんでした……

無理もありません。ところで、アメリカの高名なジャーナリストのウォルター・リップマンの名は聞いたことがあると思います。彼は、ウィルソン大統領の直轄機関「広報委員会」の有力メンバーでした。広報委員会は、第一次大戦時代にアメリカ国民に対し対独戦争熱を煽ることが任務でした。つまり、宣伝機関ですね。

リップマンは、そのころは社会主義者として有名でした。その後、彼はリベラリストになり、晩年はネオコンとして生涯を終えたのです。これを聞くと、リップマンは左翼から右翼へと思想遍歴を重ねた人と思ってしまいます。しかし、そうではないのです。リップマンは「終生、国際主義者だった」とイスラエルで発行された『ユダヤ人名辞典』で紹介されています。

もうおわかりになりましたね。社会主義とリベラルとネオコンの共通性は〝国際主義〟なのです。これに気づけば、国際情勢はほとんどわかったと言ってもいいでしょう。

――少し頭が整理された気がします。もう少しＧＨＱについて教えてください

マッカーサーが社会主義者だったということでは必ずしもありませんが、GHQの枢要ポストにいたのは、国際主義者であり社会主義者でした。たとえば、「日本国憲法」を起草した民政局次長のチャールズ・ケーディス大佐は、アメリカでニューディール政策の実施にあたったこともある筋金入りの社会主義者でした。彼らが日本に残した負の遺産が日本国憲法です。

日本国憲法をよく読んでみるとわかると思いますが、権利については国民に大いに主張させる、しかし国民の義務は最小限のことしか書いてありません。そして、政府の義務がたくさん書かれています。

これは、「生活の面倒は政府が見るもの」ということを前提として、国民の〝自立の精神〟を劣化させようとする典型的な社会主義の思想に基づいているのです。アメリカが日本を社会主義化しようとしていた、その証拠のひとつが１９４６年に公布された日本国憲法だと言えるでしょう。

ところで、日本国憲法はドイツの「ワイマール憲法」の丸写しであることは知っていますか。ワイマール憲法とは、第一次大戦後にドイツで誕生した「ワイマール共和国」の憲法なのですが、この憲法は当時ワイマール共和国の実権を握っていたユダヤ人勢力が「ドイツ人口の1%に過ぎない少数派のユダヤ人の権利をドイツ人と同等に認めさせた」といういわくつきの代物です。国民に対し、「国家の被害者である」との意識を植えつけるものだったのです。

――「ワイマール憲法は理想的な憲法」と聞いたことがありますが、「日本国憲法は平和憲法」とばかり言われていて、そういった側面から考えたことはありませんでした……

日本国憲法というと、憲法九条ばかりが話題になるようですね。戦争の放棄と、二項として、戦力の不保持、交戦権の否認が規定されています。

よく考えていただきたいのですが、国の独立は軍隊がなければ達成できません。つまりこれは、日本が国家として真に独立することを阻むために書かれている条文です。

多くの日本国民が、日本国憲法の、それも九条のおかげで平和が守られたと素直にそう思っています。理性では、軍隊は必要だと理解していたとしても、世界の厳しい現実からあえて目をそむけています。

なぜなら、そのほうがラクだからです。そして、この「ラクでいい」という発想こそ、GHQが推進した精神劣化政策が見事に成功したことの一例です。

GHQは、憲法を与えただけでは満足しませんでした。これだけでは、日本人の精神を骨抜きにできるかどうか不安だったのでしょう。そこで、悪名の高い「ウォー・ギルト・インフォメーション・プログラム」(WGIP)に着手しました。一言でいえば、日本人に戦争の罪悪感を植えつけるための洗脳です。このラインに沿って、言論を徹底的に統制しました。

1946〜48年にかけて、極東軍事裁判が行われました。いわゆる東京裁判です。日本は邪悪な侵略国家だった、という見方を絶対不可侵として書き換えた日本の歴史を「東京裁判史観」と呼びますが、情報や言論の一切は、その線で統一され、検閲されました。

――検閲はどのように行われたのでしょうか?

GHQは、日本人検閲官を使って日本人の言論を検閲しました。

検閲にあたったのは英語ができる高学歴のインテリ日本人で、日給一千円、月給が当時の価値で現在の一千万円を超えるという高給取りでした。検閲の後ろめたさを消すには、自己正当化が必要です。まず自分が、日本は犯罪国家だったと信じる必要があります。

言論する側、たとえば新聞記者などには、検閲に従わなければ仕事にならないという事情が当然、生まれました。検閲される側はしだいに自己規制を始め、ついには積極的に検閲官におもねるようになっていき、共犯関係に陥ったのです。

この共犯関係は当事者以外に知られることはありませんでした。そのため、たいへん居心地のいい、相互に多大な利益のある関係になりました。このように、日本人が積極的に協力した側面もあるわけです。

1951年、サンフランシスコ講和条約で日本は再び独立します。検閲は公式には廃止されました。しかし、元検閲官たちは過去を隠して官界、経済界、教育界、学界など各界の指導的立場に戻りました。

検閲は廃止されたのに、検閲の指針は墨守されました。なぜなら、共犯関係にあった人々がみな、「共犯の罪」を追求されるのを恐れたからです。日本は悪、という路線をもはや崩すわけにはいきません。

このように、戦後の特殊な状況を利用した持ちつ持たれつの存在を渡部昇一氏は

「敗戦利得者」と名づけました。この敗戦利得者はいまも、特に新聞やテレビなど大手メディアや左翼リベラルと称する学者、知識人、文化人の間にしっかりと残っています。つまり、政治家や経済人も含めて、「戦後民主主義体制」に巣くう利権構造と言ってもいいでしょう。

――「日本は邪悪な侵略国家だった」というのは、アメリカの洗脳なのですね

そのとおりです。「侵略は事実ではない」ということは、GHQトップのマッカーサーが、日本侵略説を否定していることからもわかります。

1950年にはじまった朝鮮戦争で、マッカーサーは国連軍の最高司令官に任命されますが、1951年4月に早々と解任されます。解任が正当かどうかも含めた米上院軍事外交委員会（同年5月）で、マッカーサーは「日本が太平洋戦争に突入したのは、大部分は安全保障上の必要によるものだった」と証言しました。

解任はマッカーサーにとって、政府から裏切られたも同然でした。もはや真実を隠す必要はないと考え、アメリカの対日戦争の不正義を告発する意図で、マッカーサーは日本の戦争目的を擁護する発言を行ったのです。

この点は、先述したフーバー元大統領の見解とも一致します。フーバーは終戦直後に食料事情調査のために来日し、マッカーサーと会談しています。その席で、フーバーが「ルーズベルト大統領こそ、日本を戦争に追い込んだ張本人だ」と述べたのに対し、マッカーサーは「同意した」と回顧録で語っています。

ここで考えてください。日本と正面から死闘を演じ、連合軍最高司令官として日本占領統治にあたったマッカーサーのこの議会証言を日本の教科書は一切書かないのです。おかしいですね。日本は依然としてGHQの東京裁判史観を忠実に守り続けていることが、むしろ憐《あわ》れに見えてくるではありませんか。私たちはいったい何を恐れているのでしょうか。

日本国民の方々、特に若い人たちにぜひこのマッカーサー証言の重みをかみしめてほしいと思います。歴史教科書はこぞってこの証言を載せるべきです。載せない教科書こそ、検定不合格にすべきでしょう。

すでにお話ししたように、大東亜戦争が日本の自衛戦争であることは、戦争前からアメリカ首脳にはわかっていたのです。

アジアを分割統治し続けているアメリカ

ところで、みなさんは「分割統治」という言葉を聞いたことがありますか？　戦後の国際社会を見るうえで重要なキーワードは、この〝分割統治〟なのです。

――えっ！　分割統治とは、植民地支配に用いられた手法ではないのですか。教科書ではそのように習いましたが……

確かに、分割統治は帝国主義時代の植民地支配の鉄則です。植民地を人種や言語、宗教などによって争わせて分断し、宗主国が支配しやすくする統治方法です。

しかし、アメリカは1951年の「サンフランシスコ条約」で占領を終わらせ日本を独立させましたが、同時に「日米安全保障条約」を結び、日本の抑え込みを図るとともに、日本と隣国（韓国、北朝鮮、中国、ロシア）との間で争うように仕向けてきました。これがバラク・オバマ大統領まで続いた戦後の「東アジアレジーム」の基本的な構造です。

そのために、慰安婦問題や、いわゆる南京事件といった歴史認識問題でアメリカは、韓国や中国の肩を持つ傾向にあります。民主主義の度合いからいっても、経済面でも、アメリカにとって日本は、韓国よりずっと頼もしい同盟国のはずです。

それにもかかわらずアメリカが韓国寄りだったのは、韓国のほうが重要だと考えて肩を持っているわけではありません。あくまでも、日本を牽制《けんせい》する駒として韓国は使われているのです。

他方、韓国としては、日本と何か揉《も》め事が生じた場合、アメリカを巻き込めば有利になると知っていて、慰安婦問題、歴史教科書問題、靖国参拝問題にまでアメリカの後ろ盾をよいことに、日本に対し強気で出てきたのです。

たとえば、「竹島」の問題がありますね。1952年、韓国は国際法違反である李《り》承晩《しょうばん》ラインと呼ばれる海洋境界線を設定して、竹島を自国側に取り込みました。これに端を発している問題です。

韓国政府は、サンフランシスコ講和条約の条件に竹島の放棄を入れるよう要請していました。米国政府はこの要請を却下しています。その理由は、アメリカは竹島が日本領であると認めていたからです。アメリカはその旨を韓国政府に回答したのですが、この回答は公表しませんでした。

中国については、たとえば、アメリカは「尖閣諸島は日米安全保障条約の適用範囲である」と言っていますが、尖閣諸島の帰属問題についてアメリカはコメントしません。日本の領有権の主張については支持も何もしない、というのがアメリカの立場です。

竹島の場合と同様、尖閣諸島の領有権をめぐって日中を対立させておきたいからです。日本は尖閣問題をめぐり、アメリカの支援を求めざるを得ません。その分だけ、日本はアメリカに対し弱い立場に置かれているわけです。

日ソ関係についても巧妙な分割統治が行われていました。たとえば、北方領土問題について、「日本に千島列島を放棄させるが、千島列島の範囲を曖昧《あいまい》にしておけば、この範囲をめぐって日本とソ連は永遠に争うことになるので、西側連合国にとって利益になる」と在京のイギリス大使館が報告しています。

経済的仮想敵国№1となった日本

東西冷戦期の「日米関係」はわかりやすいでしょう。西側陣営の主要な一員となった日本とアメリカの間には大きな懸案は生じませんでした。1960年の安保条約改訂や1972年の沖縄返還など、アメリカは同盟国・日本を繁栄させ、西側のショーウインドーとするためにそれなりの配慮を示したと言えます。

このような比較的平穏だった日米関係に波風が立ちはじめたのは、1980年代に入って顕在化した「日米貿易摩擦」でした。

1981年に在ニューヨーク日本領事館に赴任した私が直面したのは、アメリカの朝野をあげての「日本たたき」でした。対日貿易赤字が100億ドルを超えると、これは日本の不公平な貿易慣行が原因だとして、アメリカ政府は是正を強く求めてきました。

不公平な貿易慣行のひとつに、日本の外需依存（つまり「輸出志向型」）の経済体制がやり玉に挙がりました。日本は「内需志向型」の経済を求められ、為替レートを調整する1985年のあの悪名高い「プラザ合意」に至るわけです。プラザ合意の結果、それまで1ドル230円だったレートが、2年後には1ドル120円の円高になりました。

輸出産業が打撃を受けて、いわゆる円高不況となり、日銀は対策として公定歩合を引き下げます。財政出動もあって不況は回復しましたが、超低金利の状況が生まれ、資産バブルが煽られていきました。そのバブルが1991年に崩壊して以降、日本は今日まで「デフレ」に苦しめられているのです。

いわゆる「マネーサプライ」(通貨供給量)が足りないためにデフレが続いたわけです。デフレなのに、日銀はかたくなに金融引き締めを行い、必要な通貨を供給しませんでした。

――2013年に、アベノミクスの第一の矢と呼ばれる金融緩和政策がとられはじめて状況はいくぶん変わったようですが、それまで、どうして日銀は金融引き締めにこだわっていたのでしょうか?

日銀の「政治からの独立」はよくとりざたされますね。「独立」と言うと好ましいことのように錯覚してしまいますが、そこに落とし穴があるのです。日銀の独立性とは「政治の介入を排除する」という意味が込められています。つまり、民間銀行である日銀は政府の銀行ではなく、世界各国の民間銀行の仲間としての行動が期待されているのです。

ですから私は、日銀も含めた「セントラルバンカー」つまり、各国の中央銀行首脳たちの意思が働いて、日本はずっとデフレ下に置かれていたと見ています。

その間に起きたのが、中国の高度経済成長です。日本の失われた20年は、中国の経済発展と対になっていました。つまり、「日本の製造業をはじめ様々な企業を中国へ移転させるために、わが国ではデフレ政策が取られた」と言うことができます。デフレ政策のみならず、日本の経済体質そのものをアメリカ型の「株主資本主義体制」に転化するために圧力がかかりました。

東西冷戦後、アメリカでは「冷戦の真の勝利者は日本だ」と言われるほどでした。言い方を変えると、「日本はアメリカにとっての、経済的な仮想敵国№1になった」ということです。1989年から翌年にかけて行われた日米構造協議、ビル・クリントン政権のときに突きつけられた年次改革要望書などを通して、アメリカは次々に日本の経済をアメリカ化していきました。

——そして、日本はアメリカの言いなりになっていった……？

年次改革要望書などは、アメリカ政府ではなく、アメリカの企業からの要望をまとめたものに過ぎませんでした。法的根拠はありません。日本の通産省は、それを真面目に受け止めて、伝統的な日本的経営方式、家族的経営を変えていきました。

最も大きな変化は、「雇用形態の変化」です。株主資本主義にとって、社員とはコストのひとつに過ぎません。「利益」＝「株主の利益」を上げるためにはコストをできる限り下げることが至上命題になりました。人件費を下げることが、企業の目的になってしまったのです。

終身雇用形態を崩壊させたものが、派遣労働者制度の導入でした。かくして、日本的経営の土台が崩されたのです。

「コーポレート・ガバナンス・コード」の弊害

ところで、「コーポレート・ガバナンス・コード」（企業統治の原則・指針）という言葉を聞いたことがありますか？

――いえ、聞いたことのない言葉です

教科書には書かれていませんが、現在わが国の企業がこのコードに縛られて、ますます日本型経営方式から離れてしまっています。金融庁と東京証券取引所の共同作業によって、企業に対する外部、特に「株主による管理を強化する」規制のようなものです。法律ではありませんが、日本社会の慣行では事実上企業が守るべき法律の役目を果たしています。

このような企業経営の内部まで外部の干渉に従わせるやり方は、共産主義経済＝統制経済に移行させるという底意が感じられますね。私たちが教科書で習う「新自由主義」とは、共産主義経済を東西冷戦の状況の下で言い換えたものです。信じられないことですが、現在流行りの「グローバル経済」とは「共産主義経済」なのです。

――「グローバル経済」と「共産主義経済」が同じ!?

ＧＨＱ占領時代に定められた「プレスコード」に依然として言論界が縛られ、それに加えて経済界は「コーポレート・ガバナンス・コード」に縛られている。いずれも法的拘束力がないにもかかわらず、隠然たる圧力の下に置かれて脱出することすら思いつかない関係者の無気力さにはほとほとあきれてしまいます。

以上見てきたように、20世紀初頭から21世紀の現在まで、日本と米・中・露の関係は基本的にグローバリストの思惑に翻弄されてきたのです。

＊

そこに現れたのが、２０１６年の大統領選に勝利し、翌年の１月に大統領に就任した、ドナルド・トランプという人物でした。

5限目 未来

新型コロナ危機後の近未来世界

「新型コロナウイルス」？「武漢肺炎」？

これまで〝国際ニュースの読み方〟を、日本とアメリカ、中国、ロシアの関係を軸に様々な角度から講義をしてきましたが、いよいよ最終回になりました。

この時限では、現在、世界各地で猖獗《しょうけつ》を極めている「新型コロナ危機後の近未来世界」について、見とおしてみたいと思います。

ところで、世界のメディアや政府は「新型コロナウイルス」という用語を使っていますが、私は「武漢肺炎（ウイルス）」と呼称します。なぜなら、「新型コロナウイルス」という出自が隠された呼称は、誤った印象を与える恐れがあるからです。

このウイルスが中国の武漢市から発生したことは、世界に明らかになっています。もし、このウイルスが武漢での自然発生的なものであったのなら、中国共産党当局は発生事実を隠蔽したり、告発した医療当局者を拘束したりする必要はなかったわけですね。

中国当局の初動の不透明な態勢が、疑惑を生むことになったのです。誤った印象を与える恐れというのは、中国当局の意向を忖度して、このウイルスの特殊性を隠すことになることです。

これまで、私の講義を聞いてくださったみなさんは、もう感じておられると思いますが、このウイルス呼称問題は国際政治上の権力闘争の一環であるのです。

――えっ！ そうなんですか？ 保健衛生の問題だと思っていましたが……

WHO（世界保健機関）の動きを見れば、よくわかりますよ。そもそも国際機関というものは各国のエゴから独立して中立・公平の観点から加盟国間の協調を図ることを目的としていますね。これが建前であることはすでにこの講座で勉強済みですが、おさらいの意味も含めて、今回の武漢肺炎危機に対するWHOの対応ぶりを見てみましょう。

発生当初の12月からWHOは中国当局の肩を持って、人から人への感染は確認されていないとして、軽率に大騒ぎしないように戒めていました。

テドロス・アダノム事務局長は本年（2020年）1月に中国を訪問したにもかか

わらず、発生地の武漢は訪問せず、北京で習近平主席以下関係者と会談しただけで、中国当局の対処ぶりを称賛していました。

その後、感染が中国から世界各地へ拡大していった時点でも、テドロス事務局長は「パンデミックではない」と言い続け、1月末にアメリカが中国からの入国を全面的に禁止した際は、「適切でない」と中国を擁護したのです。ようやく、3月初旬に習近平主席が武漢を訪問してウイルス抑え込みを発表した後、世界に対しパンデミック宣言を発出したのです。

このようなWHOの中国寄りの姿勢に反発したアメリカのトランプ大統領は、「中国ウイルス」と表明して、中国に対し情報の開示を要求しました。また、WHOに対しては、拠出金を停止し、5月のWHO総会の機会を捉えて、WHOが1か月以内に改善されなければ脱退することもありうると警告したのです。当然、中国はこのようなトランプ大統領の姿勢に抗議して、トランプ批判を強化しています。

武漢肺炎をめぐる米中の対決は、ウイルス問題に限定されるものではありません。すでに、両国は貿易戦争の最中《さなか》にありますが、ウイルス対決も米中の世界覇権を巡る大きな戦いの一環であるわけです。だから、たかが呼称問題ではないのです。武漢肺炎後の世界の主導権を巡る仁義なき戦いなのです。

――新型コロナウイルス、いえ、武漢肺炎危機後の世界は、現在とまったく異なった世界になるのでしょうか？

よい質問ですね。日本のメディア報道を見ていますと、「ＧＤＰがマイナス成長になった」「観光地が悲鳴を上げている」「中小企業の倒産が懸念される」「いかに経済を迅速に回復させるかが最優先の課題だ」といった指摘が中心ですね。でも、本当にそうなのか、これからじっくりと来るべき世界を予想してみたいと思います。

結論を先取りすれば、武漢肺炎がもたらした世界的大混乱の結果、世界はすでに様々な次元で戦争状態に突入してしまいました。これから詳しく検証してゆきたいと思いますが、まずは、わが国について考えていきましょう。

国難をチャンスに変える、日本人の「民度」

わが国にあってはまさしく国難です。いま問われているのは、政府にあっても、私たち一人ひとりにあっても、どう危機管理を行うかということです。

危機管理の要諦は、現在の武漢肺炎蔓延を防止するという短期的な視点だけでなく、この肺炎騒動後の世界のあり方を見据えて、ピンチをチャンスに変えるという前向きの気持ちで対応していくことにあります。

――チャンスに変えることなんてできますか?

わが国においては、1995年1月の阪神淡路大震災のときも、また2011年3月の東日本大震災のときも、政府の危機管理がお粗末であるとして批判を受けましたが、幸いなことに国民の「民度の高さ」によって日本の社会秩序が崩壊するのを防ぐことができました。いわば、国民の側の危機管理意識が発揮されたと言えるのです。世界も、当時の政府の対応を評価したわけではなく、日本国民の冷静な行動を称賛したわけです。

そのことは、東日本大震災を思い出してみればわかりますね。被災者の方々が困難な状況にもかかわらず助け合いの精神を発揮されて、みなさんで乗り切られた。これはひとえに日本国民の民度が高かったからだということが言えると思います。

私自身も40年間外交の世界に携わり、様々な国を見てきましたが、日本人の一般の方々の民度は、非常に高いものがあると思います。世界の中でも有数だと思いますね。

――日本人の「民度の高さ」ですか。あまり気にしてはいませんでした

私たちは日頃の生活においては、そういうことはあまり意識せずに生活しているわけです。ところが、いったん緩急あらばというか、何か事が起こったときに日本人本来の資質＝眠っていたＤＮＡが目覚めるということだと思います。毎日の生活において、いつもこのような道徳的な生き方を意識しているわけではありませんが、その生き方そのものを私たち日本人は綿々と引き継いできているということが言えるのではないかと思います。

これから世界は戦争も含め、大動乱の世界になると予想されますが、少なくとも日本国民の民度の高さが続く限り、私たちは決して絶望する必要はないでしょう。

それは、日本だけが助かって世界が酷くなるということではもちろんありません。世界の多くの国にも民度の高い国民は少なからず存在しますし、立派な指導者をいただいている国もあるわけですから。

これからは日本だけでなく世界とともに、どのようなやり方でこの武漢肺炎がもたらした世界秩序の大変革に対応していくかということを、私たちはいまから考えておく必要があると思います。

新たな「戦争」がはじまった⁉

今回、中国武漢で発生し、イタリアを中心とするヨーロッパを大惨禍に巻き込み、さらにアメリカまで飛び火した武漢肺炎ですが、まさにエマニュエル・マクロン仏大統領が述べたように、これはもう〝戦争〟です。

それは「衛生面での戦争」という限定された形に留まっているわけではなく、もうすでに様々な形態で世界規模での戦争がはじまっているわけですね。

――様々な形態の戦争とは？

たとえば、現在起こっているのは、マスクや人工呼吸器、検査キットなどの争奪戦ですね。高値で転売したり、政治的目的でこれらの輸出に条件をつけるなどの火事場泥棒的行為が中国を筆頭に国家ぐるみで平然と行われている例も見られます。

日本では、4月に緊急事態宣言が発出されたとは言え、全体的には感染者数は1万人台で死者数も千人弱にとどまっています（7/1現在）。政府発表を受け、医療崩壊の危機や感染爆発の危険など国民の恐怖を煽るような報道が続いてきましたが、実感としていまが戦争状態にあるとは一般には認識されていません。

しかし、断片的とは言え、テレビのニュースなどで外出禁止令が発布されたヨーロッパの大都市やニューヨーク市の閑散とした様子を見れば、もう異常事態であるということは容易にわかるわけです。つまりこれは明らかに〝平時〟ではない、つまりは〝有事〟だということですね。

そういう意味ではもうすでに、世界的な規模で戦争状態に突入しているということです。日本ではまだそこまで切迫していないとは言え、もう欧米はそういう意識を持って対応しているのです。

グローバリズムの崩壊

――現状はわかりましたが、具体的に何がどう変わっていくのでしょうか？

このような世界的混乱の中で、結局何が問われているのか。それは、これまでのグローバリズム、あるいは世界のグローバル化に基づく秩序というものが、これで終わったということだと断言できます。

本授業の最初に勉強したところですが、グローバリズムとは「モノ」「カネ」「ヒト」が国境を越えて自由に移動することを前提としていました。

ところが、武漢肺炎がこれほど世界に蔓延したのは、まさにこれらの中でもヒトの自由な移動が原因となったわけです。グローバリズムの持つ負の側面が私たちの目に見える形で現れたのです。現実の世界においてはまだその残滓《ざんし》は残りますが、もう終わらせなければならないことに世界が気づいたということです。

グローバリズムという世界秩序が壊れたということは、グローバル市場化によって国際金融資本家が世界経済を運営していくという仕組みが壊れていくことだと思います。国際金融資本家がこれまでの世界秩序をつくり上げてきたことはすでに勉強してきたところですね。

グローバリズムという秩序が壊れる以上は、新しい仕組みというものをつくり出さなければならないのですが、その場合には必ずこれまでの秩序を死守しようとする守旧派と新しい秩序を構築しようとする新興勢力の間で価値観の闘争が起こるわけですね。これは世界の過去の歴史を見ればわかることです。

——価値観の闘争とはなんでしょう？

今まで水面下で起こってきたこの価値観の闘争というものが、武漢肺炎ショックを契機としていよいよ顕在化してきました。それを一言で言えば、「グローバリズムとナショナリズムの闘争」です。現在、世界的規模で利害関係勢力間の新しい秩序を巡る戦いが進行中なのです。

グローバル市場化というのは、諸国間の「相互依存関係の深化」と言えますね。これまで私たちは、相互依存のよい面しか見てきませんでした。メディアをはじめとして、政治家や経済界の人々は相互依存のよい面だけを口実に、グローバル市場化を推進してきたわけです。

相互依存にはよい面もありますが、同時に危険な面が背中合わせにあるということが隠されてきたのです。このような宣伝が、ディープ・ステートが仕掛けたポリティカル・コレクトネス（政治的妥当性。中立な表現を用いるという建前の言葉狩り）です。今回はその危険な面が一挙に噴出したということです。

たとえば、もうすでに反省や見直しが行われていますが、中国の改革開放路線を鵜《う》呑《の》みにして、東西冷戦終了後製造工場などを安価な労働力が豊富な中国に移転した結果、欧米諸国や日本においては製造業の空洞化が起こりました。

いまや、多くの工業製品の供給を中国に進出した自国企業からの輸入に頼らざるを得なくなってしまったわけです。これが、いわゆる「サプライチェーン」と呼ばれる問題ですね。

――最近、「サプライチェーン」という言葉をよく耳にします

「サプライチェーン」とは、商品や製品が消費者の手元に届くまでの、調達、製造、在庫管理、配送、販売、消費といった一連の流れを表した経営用語です。

わが国のメディアでは、中国での武漢肺炎感染拡大の結果、中国の工場で生産した部品が入ってこなくなって、日本でも自動車工場をはじめとした生産が制約を受けるということが大きく報じられていますが、これは本当のところを報じていません。

中国の工場がつくった部品が入ってこないということではなくて、中国に進出した日系企業からの部品が入ってこないというのが実際のところですが、新聞やテレビなどのメディアは日本企業の中国進出のマイナス面を報じるのを避けるために、この点を誤魔化して読者や視聴者を洗脳しているのです。

武漢肺炎禍によって、そういうグローバルな経済の在り方というものを見直す契機になりました。すでに、日系企業の中には工場を中国から東南アジア諸国に移す企業が出てきました。

さらに、工場を日本に回帰させる動きも出てきており、政府もこのような企業に対する支援策を検討しています。供給先の多角化ということですが、経済界は東日本大震災の際に一部の部品などの供給先が被災地域に集中していたため、しばらく供給が滞り生産活動の停止を余儀なくされた苦い経験がありました。

しかし、今回、供給先の集中の危険に学んでいなかったことが露呈しました。それが、先ほどお話ししたサプライチェーンのあり方についての見直しに繋がってゆくと見られます。安易に中国に工場を移転することがいかに危険であるのか、その授業料はたいへん高くついたのではないでしょうか。

マネーによる支配の終わり

結局、グローバル市場はマネーによる市場であったということは、これまでに勉強してきたところですね。マネーを支配するものがグローバルな市場を支配していました。

グローバル市場化勢力の広告塔であるフランスの経済学者、ジャック・アタリは『21世紀の歴史』(林昌宏・訳、作品社、２００８年)の中で、「21世紀初頭は、市場の力が世界を覆っている」として次のように喝破しています。

「マネーの威力が高まったことは個人主義が勝利した究極の証であり、これは近代史における激変の核心部分でもある。すなわち、さらなる金銭欲の台頭、金銭の否定、金銭の支配が、歴史を揺り動かしてきたのである。行き着く先は、国家も含め、障害となるすべてのものに対して、マネーで決着をつけることになる」と。

――確かに、マネーの威力はすごいです

アタリは、市場の力とはマネーの力だと断言していますが、これはどういうことかというと、マネーを支配する者が市場を支配するということです。誰がマネーを支配しているか、それはマネーを発行する者たちで、各国の中央銀行でありその株主ということになります。

これも授業のはじめでお話ししましたが、アメリカのFRB，EUのヨーロッパ中央銀行、わが国の日本銀行、これらはいずれも国有銀行ではないのです。これが、マネーが支配するグローバル市場の隠された真実です。

そうしたグローバル市場の下で、マネーを支配できないものはどうなるかというと、このグローバル市場に隷属せざるを得ません。ほとんどの日本企業はその隷属する側だったわけです。

日本の企業はグローバル市場の重要なプレーヤーではなく、ただグローバル市場に組み込まれていた受け身の存在に過ぎず、グローバル市場の秩序をつくる側にはいなかったということなのです。

このような不利な立場にあるにもかかわらず、グローバル市場にこだわってきたわが国の経済界の体質が、いま根本から問われているということだと思います。マネーの力というものは、かならずしも経済人の行動様式だけにとどまることはありませんでした。私たちの生活様式もマネー第一主義に陥ってきたわけです。

――マネーの価値というもので、世界が動いてきたということなのですね

そのとおりです。しかし、今度の武漢肺炎問題で、マネー中心の価値観が変わらざるを得なくなっています。その象徴的なのが株式市場の暴落です。

株価というのも結局は、幻想なわけですね。株が上がれば経済がよくなっていると、一見するとそのように見えますけれども、それは土台が非常に脆弱《ぜいじゃく》であったということが今回の危機で改めて明らかになったわけです。

逆に言えば、マネーを支配する人たちにとっては、いつでもそのマネーを彼らの有利なように使うことで、世界の競争相手を倒すことができ、自分たちの地位を強化することができるということが、今回改めて明らかになったのではないかという気がしております。この点は極めて重要で、のちほど詳しく論じたいと思います。

「目に見えないものの価値」が重視される時代へ

株式市場に投資している一般の投資家の方々が大損をしても、マネーを支配している人たちやその仲間は決して大損しません。株式に投資している一般の人々は、このような株式市場の仕組みをよく考えておかなければならないと思います。新自由主義経済体制の下で、一般の投資熱を煽る傾向が見られましたが、武漢肺炎危機を契機に改めて株式市場の正体が顕在化したと言えるのです。

日本の経済評論家は株価の上下の理由をいろいろと解説してくれますが、そのほとんどがただの作文です。本当の理由はわからないでしょう。巨大なマネーを動かしている機関投資家のさじ加減ひとつで上がったり下がったりするわけですから。

しかも彼らの投資活動はかなりの程度コンピュータ化されていて、一日の内に何度も売り買いして利益を上げているのですから、一般の投資家が太刀打ちできるはずがないのです。

そういう騙しの経済と言いますか、幻想のマネー経済というものが、いよいよ白日の下にさらけ出されてきたということが言えるのではないかと思います。

いままでそういうグローバル経済を事実上擁護してこられた保守系の方も含めた経済学者や経済評論家にとっては、由々しい事態だと思いますけれども、もう従来の価値観に基づく世界経済の解説というものは、通じなくなりつつあると言っても差し支えはないのだろう、という気がします。

——結局、グローバリズムからナショナリズムへの価値観の転換というのはどういうことでしょう？

グローバリズムは徹底的な「唯物論」です。物質的な価値、つまりマネーの価値が唯一の価値と言ってもいいぐらいの価値観でした。

対して、ナショナリズムの価値というのは何でしょうか。一般的に、ナショナリズムは偏狭な価値観であると誤解されがちですが、決してそうではありません。物質的な価値の重要さを否定はしませんが、それ以外に伝統文化であるとか、生活習慣であるとか、そういう民族に連綿と継承されてきた価値を大切にするという側面を持っているのです。

これからはそういったナショナリズムの側面、つまり、「目に見えないものの価値」が重視される時代が来るだろうと思われます。そうするといままでは具体的に目に見える価値だけで動いていた市場が、「目に見えない価値も同時に考える市場になっていく」ということですね。

そうなったときに市場というもの、マーケットというものの定義そのものが、これからは変わってくるのだろうという気がしてなりません。

戦後、わが国だけでなく世界全体が、唯物的思想に支配されてきました。私たちは、こうした唯物的なマーケットで成功した人が人生で成功した人だと、単純に言えばそういう見方が支配的であったわけです。

そのときに、いわゆるマーケットで成功しない人、つまり、文化的価値を重視する人やそういう目に見えない価値の重要さを極めている人は、必ずしもマーケットでは評価されてこなかったのではないでしょうか。

これから広い意味でのナショナリズムの時代になると、そういう目に見えない価値が重視されていく――。そういう新たな時代になっていくのだろうと思います。

「一帯一路」で国は滅ぶ

先に言及したように、ジャック・アタリは、「国家を含め、障害となるすべてのものに対して、マネーで決着をつけることになる」と豪語しましたが、どのようにしてマネーで決着をつけるのかについて、そのからくりが彼の著書『国家債務危機』のなかで明らかにされています。

その決着のつけ方を理解すれば、現在の世界の仕組みを読み解くことにつながります。アタリは、「国家の歴史とは、債務とその危機の歴史である。歴史に登場する、様々な都市国家・帝国・共和国・独裁国家も、債務によって栄え、債務によって衰退してきた」と指摘しています。

――債務とは、国の借金のことですね

そうなのですが、この彼の言葉の持つ意味を本当に理解した人はそう多くない、あるいは理解していても隠している学者なり評論家なり知識人が多いのではないかと思われます。

アタリは、「結局、国家というものも、マネーを供給する私人（中央銀行やその株主の国際金融資本家たち）に依存している」と公言しているのです。各国がなぜ財政赤字に悩まされているのか、おわかりになったと思います。

このアタリの法則を対外政策として実行してきたのが、中国共産党政権です。習近

平主席が提唱した「一帯一路」構想は、共産党政権そのものが資金の貸し手となって、イタリアやギリシャを始めEU諸国や、スリランカ、パキスタンなどのアジア諸国やアフリカまで、この構想の参加者を拡大してきました。

インフラ建設などのために高利でカネを貸し、それによって借りた国や地域は一時的によくなるわけですが、やがて債務が返せなくなって、中国に投資先の港湾施設などを獲られる、ゆくゆくは国家の主権を失うという状況が現に起こっているわけです。

たとえば、パキスタンのグワダール港建設プロジェクト（中国パキスタン経済回廊の中核プロジェクト）を見ると、中国と結ぶ高速鉄道や高速道路建設が頓挫しており、同港の高級ホテルもテロ集団に襲撃されるなど、グワダール港は悲惨な状況に陥ってしまいました。

パキスタンはIMFに債務救済を求め、救済条件として中国は融資額の8割の債権放棄を求められました。「債務の罠」として有名なのは、スリランカのハンバントタ港です。中国へ債務返済が不可能になったため、中国はハンバントタ港を99年間租借することになりました。

今回の武漢肺炎が猖獗を極めたイタリアやスペインなどは、一帯一路構想に参加して中国人労働者を大量に受け入れた結果と言えます。イタリアでは皮革工場が集中する北部に30万人以上の中国人労働者が働いており、中国人観光客は年間600万人を超える勢いです。イタリアが中国債務にどう対処するか、興味あるところです。

これは象徴的な例ですが、結局、過去の歴史を見ても、国家というものは債務によって繁栄し、そして債務の重みによって衰亡する。それは裏返せばどういうことかというと、「国家というものは、国にお金を貸す人たちの意向によって栄え、その意向によって滅ぶ」ということです。

そんなマネーが支配する世界というものは、通貨発行権を私人が握ったイングランド銀行の創設（1694年）以来、今日まで変わっていなかったわけです。

新時代の主役は、世界のピープル

ところが、今回の武漢肺炎によってもたらされた事態によって、これまでの世界を支配してきた、国、政府にお金を貸して儲けてきた人たちのやり方というものが、これからは通用しなくなる可能性が出てきました。

――通用しなくなる？ なぜですか？

先にも述べたように、この変化を可能にするのは、一般の人々の価値観の転換です。「新しい価値観の時代の入口に、私たちはいる」と思えてなりません。むしろ、そういう時代を切り拓《ひら》いていくのが、民度の高いわが国の国民を含めた世界のピープル、つまり一般の人々であろうという気がしています。

トランプ大統領が登場したときに、大衆迎合主義者、人種差別主義者、女性蔑視主義者、反知性主義者等々誹謗《ひぼう》中傷をされたわけですが、私は、トランプ大統領はまさにこういう価値観の転換を目指している人だというふうに、直感的に感じております。

トランプ大統領は政治をディープ・ステートからピープルの手に取り戻すと一貫して主張しています。これまでのアメリカの政治は、特定の政治プロによる特定の勢力のための政治であって、アメリカ国民の利益を無視したものでした。だからこそ、トランプ大統領は、「アメリカ・ファースト」と呼びかけたのです。

――トランプ大統領に期待するということでしょうか？

もちろんそれは大きな価値観の転換を伴うものですから、同時に非常に大きな反発も生じています。トランプが目指しているのがピープルのための政治であり、ピープルにとっての経済であるために、日本の政界も官僚も財界も、それからメディアも、こぞって反対しているわけです。

つまり、彼らもアメリカのディープ・ステートの世界体制にがっちりと組み込まれてきたことが、トランプ登場によって改めて明らかになりました。

わが国における反トランプの雰囲気はまだ改まっていないわけですが、武漢肺炎ショック後、改まらざるを得ないというふうに思っております。

三つ巴の戦争① 中国

――なるほど。ところで、これらの秩序変化と戦争はどう結びついているのですか？

いよいよ本題に入ってきましたね。以上に説明したことをまとめますと、現在の世界では「三つ巴《どもえ》の戦争」が進行中であることがわかります。

第一は、中国による「世界覇権を目指す戦い」です。

中国は武漢肺炎の封じ込めに失敗したため戦略を変更して、世界に武漢肺炎を蔓延させ、世界の関心が中国から感染防止に忙殺されている各国へ移るように宣伝戦をさらに強化しています。感染国に対する医療支援の姿勢を表明したり、果てはこのような中国に対する感謝決議を行うように各国の議会などに働きかけを行うまでに至っています。

この宣伝戦に、WHOも加担しています。WHOの世界に対する背信行為はすでに明らかになっていますが、5月のWHO総会においては、WHOの武漢肺炎対策に関する独立の検証を求める決議が採択されました。このように、トランプ大統領に続いて世界各国は、WHOに対し事実上中国寄りの態度を改めるよう求めはじめました。

――今回の件で、WHOを信用できなくなりました

WHOを利用して自らの失敗を隠蔽しようとした中国ですが、それが功を奏さなくなった現在、中国の宣伝戦の最大のターゲットはアメリカ、特にトランプ大統領です。

中国は武漢肺炎発生の責任をアメリカに転嫁するような偽情報を流し、トランプ大統領の強い反撃にあいました。

しかし、懲りることなくトランプ大統領の武漢肺炎封じ込め作戦を揶揄するなど、アメリカの反トランプ・メディアと歩調を合わせて国内の不安を煽り、トランプ大統領の再選を阻止することに重点を置いた宣伝戦を強化しているわけです。米中貿易戦争で疲弊しつつある中国としては、アメリカでの感染が拡大し都市封鎖などでアメリカ経済が悪化すれば、トランプ再選の可能性が低下すると見ているのです。

――トランプは大統領選に勝つでしょうか？ 負けるでしょうか？

トランプ大統領に対する米国民の支持には依然として根強いものがあります。

他方、民主党候補の座をほぼ確実にしたバイデン前副大統領は、77歳の高齢や失言癖に加え、副大統領時代の「中国との不透明な関係」というアキレス腱を抱えています。

反トランプのアメリカ・メディアは、バイデンがトランプをリードしていると報じ続けていますが、この報道を信じているアメリカ人は少ないでしょう。

そして、中国は弱みを握っているバイデン勝利に一途の望を賭けているはずです。

常識的に見れば、中国のアメリカに対する不遜な態度には呆れるものがありますが、これはまさしく「攻撃は最大の防御である」との兵法に基づくものなのです。嘘は大きいほどよいということです。

しかし、世界はもうこのような中国の手法に気づいています。通用しないことに気づいた中国は、一層世界を驚かすような奇怪な行動に出る可能性もあるでしょう。

――だから、中国は攻撃的なのか……

中国がかくもなりふり構わず世界に当たり散らす背景には、深刻な国内事情もあります。初期の隠蔽による膨大な死者や、都市封鎖などによる失業者の増大や経済失速に対する民衆の不満が高まって習近平指導部の権力維持に赤信号がともりました。

追い詰められた独裁政権の常套手段である対外武力行使は、習近平に取って起死回生のバクチといえる危険な謀略でしょう。問題は軍事行動のタイミングです。

欧米諸国が武漢肺炎封じ込めとその後の経済回復策に没頭せざるを得ない虚を衝いて、習近平指導部が香港の民主化運動への強権的締めつけを強化し、台湾への軍事侵攻や尖閣奪取などの挙に出る可能性が高まっていると言わざるを得ません。

三つ巴の戦争② ディープ・ステート

第二は、ディープ・ステートによる「強制的グローバル市場化を目指す戦い」です。ディープ・ステートの代理人であり、グローバリズムの論客であったアメリカの政治学者ズビグニュー・ブレジンスキーは、大統領がアメリカのリーダーシップの下に世界のグローバル化に失敗すれば、その後は平和的手段によるグローバル化のチャンスはないと予言しました（『Second Chance』邦題『ブッシュが壊したアメリカ』峯村利哉・訳、徳間書店、2007年）。

彼の言うグローバル化とは、グローバル市場化による世界統一のことです。ディープ・ステートは今回の武漢肺炎騒動を彼らの長年の夢である「世界統一」のための最後の戦いと位置づけているように見受けられます。

先に見たように、武漢肺炎騒動を契機としてグローバリズムの見直し機運が高まってきたことに、ディープ・ステートは強い危機意識を抱いているのです。

――ディープ・ステートの策略は？

歴史的に見れば、ディープ・ステートは1929年のニューヨーク株式市場大暴落を演出して世界大恐慌を招来し、世界の混乱を背後から操って第二次大戦に繋げた経験を思い出しているはずです。

武漢肺炎封じ込めが長引けば、経済不況から大恐慌に至る可能性があります。彼らにとっては、願ってもないチャンスです。世界の大恐慌を奇禍として世界戦争を誘発し、世界的荒廃のなかで世界統一を一挙に実現せんと画策していると考えられます。

彼らの前線部隊であるネオコン勢力が、中東や北東アジアなどで紛争を仕掛ける工作に警戒を高める必要があります。この関連で、中国の台湾侵攻や北朝鮮の軍事的暴発などの背後にネオコンがいる可能性に注意が必要ですね。

同時に、ディープ・ステートの中核である国際金融資本家は、世界大恐慌の際に使った手口にならい、武漢肺炎不況で倒産した各国企業を安値で買収して、焼け太りを画策しているのです。各国政府は都市封鎖など武漢肺炎封じ込めに注力するあまり、国内経済を破壊してしまわないように細心の注意が必要です。

――ウイルスの封じ込めも大切ですが、国内の経済を破綻させないことも大切だということですね

そして、ディープ・ステートのもう一つの狙いは、トランプ大統領の再選阻止です。この点で、中国の利害と一致しています。

これまでのアメリカの主流メディア（ディープ・ステートの宣伝メディアのこと）のコロナ感染ニュースを見ていますと、二言目にはトランプ大統領のコロナ封じ込め対策を批判していることが目立ちます。

初動の封じ込めが後手に回ったとか、感染防止よりも経済活動再開を優先しているのは大統領選挙対策だとか、マスクをかけずにマスク工場を視察したとか、とにかくトランプ大統領の行動は常に批判の対象となっているのです。

もうお気づきのように、メディアを通じてディープ・ステートはトランプ大統領の評価を落とすことに躍起となっているわけです。加えて、経済活動再開が早すぎるとの批判は、不況を長引かせて倒産企業を増やしたいとの国際金融資本家たちの意向を代弁しています。

また、CNNや三大ネットワークテレビが最大の感染州であるニューヨーク州のアンドリュー・クオモ州知事（民主党）の記者会見などの模様を連日放送しているのは、間接的にトランプ大統領批判を行っていることと同じことですね。すでに、「2024年はクオモ大統領」といった声が聞かれるほどです。このような声が、バイデン民主党候補への当てつけになっていることはあまり意識されていませんが。

トランプ再選はもはや動かしがたいことを前提にした動きなのか、あるいは、たとえバイデンが大統領に当選するようなことがあっても一期のみになることを示唆しているとも受け取ることができますね。

いずれにせよ、武漢肺炎禍の結果、アメリカ経済が破綻するといった事態にでもならない限り、トランプ大統領は再選することになるでしょう。

注意すべきは、反トランプ工作に注力している中国と利害が一致していることです。ディープ・ステートのさしあたっての狙いが、トランプの再選阻止であるならば、結果的にディープ・ステートと中国との共闘が成立していることになります。

――中国とディープ・ステートが手を結ぶ……

今年11月の大統領選挙までは、このような打算に基づく共闘が続く可能性が高いでしょう。とは言え、忘れてはならないことは、ディープ・ステートは中国の世界覇権にも反対していることです。大統領選後は、ディープ・ステートによる中国封じ込めが一層強化されることになるでしょう。

三つ巴の戦争③ トランプ大統領

第三は、トランプ大統領による「各国第一主義に基づく世界秩序を目指す戦い」です。トランプ大統領がディープ・ステートのアメリカ支配に対して宣戦布告していることはすでに述べたので繰り返しませんが、ここでは中国に対する「戦争」についてお話しします。

トランプ大統領は米中貿易戦争に象徴されるように、中国共産党政権がアメリカから一方的に利益を得ていることを許さないとの姿勢を明確にしています。中国共産党政権は「自国ファースト」にもっとも遠い存在であり、それ故に中国共産党の中国支配を崩壊させることを明確に宣言したのです。

まずは、今回の武漢肺炎発生の真相を世界に明らかにするよう強い圧力を加え、世界が中国に警戒心を持つよう働きかけているのです。

また、中国が香港の自治を事実上終わらせる「香港国家安全自治法」を導入したことを強く非難したトランプ大統領は、香港に対する各種優遇措置の見直しや、中国共産党関係者へ制裁を課す旨を明らかにしています。

――アメリカがWHOを脱退するというニュースを目にしました

トランプ大統領は武漢肺炎隠蔽と世界への拡散のために中国と共謀したとしてWHOへの拠出を停止し、中国との関係に改善が見られない場合はWHOから脱退すると明らかにしました。トランプ大統領の真意は、WHOからの脱退とは中国との関係終了、つまり国交断絶をも意味しています。

トランプ大統領は、まずは中国との経済関係を縮小し、ゆくゆくは中国を排除したブロック経済圏を考えていると見られます。中国の5Gに象徴される通信覇権を阻止するために、中国と通信機器関係の取引がある世界の企業を排斥してゆくことになるでしょう。

たとえば、中国製スマホをアメリカに持ち込もうとした外国人は入国を拒否されるような事態も、決してあり得ないことではありません。

アメリカや日本のメディア報道では、トランプ大統領の哲学や世界観、いわば大統領としての使命感がまったく見えてきません。彼の世界観をわかりやすく表現したのが、昨年（２０１９年）９月の国連演説です。

アメリカの目指すゴールは「世界の調和」であると強調しました。そして、「平和を望むなら、自らの国を愛せよ、賢明な指導者は常に自国民と自国の利益を第一に考えるものだ」と各国に対し各国ファーストを情熱的に呼びかけました。

今回の武漢肺炎危機に際し、各国政府はトランプ大統領が強調したように、「自国民と自国の利益を第一」に考えて、懸命に行動しているのです。国際協調といった綺麗事は通用しないのです。国連やＷＨＯは国際的な連帯の必要性を強調するばかりで、具体的な肺炎封じ込め対策には何の役にも立ちませんでした。トランプ大統領のいう自国第一主義の世界観が正しいことが証明されたと言えます。

グローバリズムが世界の平和（調和）につながるのではないのです。自国第一主義こそ世界の調和につながり、独自の文化に基づく得意分野を持つ各国が、世界という屋根の下で共存する新しい世界秩序、20世紀を支配してきたグローバリズムに代わる世界秩序を生むことができるのです。

各主権国家が自国第一主義の下で共存するという世界秩序は、わが国の伝統精神である「八紘一宇」の世界観と同じです。わが国の伝統的世界観は『古事記』の神代以来世界の調和です。そう考えれば、この三つ巴の戦争にあって、わが国が選択すべき道は明らかです。

――中国やディープ・ステートではなく、トランプ大統領の価値観を選択する？

そうなのですが、残念なことに、武漢肺炎危機に際し、わが国が官民挙げて中国に忖度していることが改めて明らかになりました。

ところが、これまでに見たように、世界は「脱中国」へ向けて舵を切りました。第二次大戦後、わが国は基本的にディープ・ステートの影響下にありましたが、トランプ大統領の出現とともに、彼らの日本に対する影響力には陰りが見られるようになりました。

この間隙をぬってわが国の政界、財界、官界、メディア界などわが国の隅々にまで浸透してきたのが中国です。今回の危機を通じ、中国への過度の依存がわが国民の安全にとっていかに危険であるか、認識する機会になったと言えます。

私たちが日本人らしく生きることができる世界秩序は、トランプ大統領の自国第一主義の世界観にあることはもうはっきりしたと言えますね。そして、この自国第一主義は、ロシアのプーチン大統領とも価値観を共有できます。

であるならば、わが国はトランプ大統領と共に自国第一主義に基づく世界調和の秩序構築のために努力することで、この未曾有の国難を乗り切ってゆくことが可能になるのです。

〈了〉

さらに勉強をすすめたい生徒への参考図書（いずれも著者の執筆）

- 『新装版 国難の正体』ビジネス社／２０１４年
- 『世界を操る支配者の正体』講談社／２０１４年
- 『アメリカの社会主義者が日米戦争を仕組んだ』ＫＫベストセラーズ／２０１５年
- 『２０１７年世界最終戦争の正体』宝島社／２０１６年
- 『知ってはいけない現代史の正体』ＳＢ新書／２０１９年
- 『米中新冷戦の正体』（河添恵子氏との共著）ワニブックス／２０１９年
- 『新国体論』ビジネス社／２０１９年

［著者略歴］
馬渕睦夫（まぶち・むつお）
元駐ウクライナ兼モルドバ大使、元防衛大学校教授、元吉備国際大学客員教授。1946年京都府生まれ。京都大学法学部3年在学中に外務公務員採用上級試験に合格し、1968年外務省入省。1971年研修先のイギリス・ケンブリッジ大学経済学部卒業。2000年駐キューバ大使、2005年駐ウクライナ兼モルドバ大使を経て、2008年11月外務省退官。同年防衛大学校教授に就任し、2011年3月定年退職。2014年4月から2018年3月まで吉備国際大学客員教授。
著書に、『アメリカの社会主義者が日米戦争を仕組んだ』（KKベストセラーズ）、『知ってはいけない現代史の正体』（SBクリエイティブ）、『2020年世界の真実』（ワック）などがある。

コロナ危機後の「未来」がわかる！
国際ニュースの読み方

2020年8月4日　第1刷発行

著　者　馬渕睦夫

発行者　鉄尾周一

発行所　株式会社マガジンハウス
〒104-8003 東京都中央区銀座3-13-10
書籍編集部　☎03-3545-7030
受注センター　☎049-275-1811

印刷・製本所／大日本印刷株式会社
カバーデザイン／渡邊民人（TYPEFACE）
本文デザイン／清水真理子（TYPEFACE）
編集協力／尾崎克之

ISBN978-4-8387-3083-4 C0030